好きなことをやると成功すると言われて、
大好きな占いの勉強を始め、
土日に占いフェアに出店するも、閑古鳥。
他のブースには人がいっぱい来てるのに……。

職場では、脂ぎったテカテカ上司に、
いつも面倒な仕事を押し付けられて、残業ばかり。
それなのに給料は一向に上がらない。

帰り道では鳥のフンが落ちてきて、
お気に入りの服が台無しに。

ダハハ
わかる〜
あの人さあ、50歳過ぎて
ピンクの服はないわよねえ
やっぱり年相応に
ドドメ色とかじゃない？
そうなのよ あの人
最近調子ぶっこいて
モデルのオーディション
受けたらしいわよ
ダハハハ
無理、無理
もうヘソが茶を沸かす
くらい無理だって
でも、その人は
合格して
モデルデビュー
したんだよね…
へっへっへ

オレは邪気の化身
人呼んでジャッキーだ
名前がダジャレとか
つっこむなよ～
人に取り憑いては
そいつの運気を下げ
ロクでもないことばかり
引き起こすのさ
それにしても
コイツの部屋
めっちゃ居心地
いいなあ
は～ 噂話くらい
しか楽しみがない…
ああ、もう毎日毎日
ロクでもないこと
ばっかり
どうなってんのよ～～～
神様なんていないのかしら
もしもいるっていうんなら
私の前に現れてみなさいよ！
私を呼んだか？
ガッシャーン

私は邪気を浄化するスーパーゴッド
人呼んでジャッキージョーカーだ
お前とお前の部屋は邪気まみれだ その邪気を祓えたら人生も変わるだろう
窓…
邪気祓いって どうすりゃいいのよ
まず部屋の窓を開け このグチャグチャな部屋を片付けて 掃除することだな
窓はあけておいた！
そして、毎日風呂に入ってきれいにするんだ
プーッ
その程度のことで人生が変わるわけないじゃん
そうやって文句ばかりだから邪気が寄ってくるんだよ
グサッ
この本をお前にやろう
最強の邪気祓い

そこに邪気祓いのすべてがある！やるかやらないかはお前次第だ
健闘を祈る！
・・・
少し片付いた部屋を見るとなんだか気分がいいな…
まだまだ汚いけど…
自分をこんな汚い部屋に住まわせていたなんて…
私は幸せになりたいと必死でやってきたつもりだったけど
むしろ幸せとは正反対のことをしてたのかも…

はじめに

最近ロクでもないことばかり。どうしてこうもツイていないのか……。
これまでの人生で、次のような状態が続いたことはありますか？

- なんだか知らないけれど、いくら寝ても疲れが抜けない
- 気分が落ちて、何もやる気が起こらない
- 何をやってもスムーズにいかない
- ツイていないことがやたらと多い
- 大切なものをなくしてしまうことが続く
- やりたいことをやろうとすると、必ず何か（誰か）に邪魔される
- 人から注目されたり評価されたりすると、足を引っ張る人物が出てくる

真面目に働いているのに、一向に給料が上がらない
身内に不幸が続く
特定の病気ではないが、体調がずっとよくない

こんなとき、あなたに邪気が取り憑いている可能性が高いです。

もちろん、長い人生の中にはそういう時期もあるので、すべてがすべて邪気の影響というわけではありません。

ただ、あなたの生活環境や心の持ち方に、邪気を引き寄せてしまうところがあり、知らず知らずのうちに、運気が下がっていることも実は少なくありません。

さらに、邪気に気づかないままでいると、**他の邪気も集まりやすくなるのです。**


けれども、ちょっとでも邪気を感じ取った段階で、たとえば、

「あっ、この邪気は環境から来ている」

というように気づけたなら、その場で邪気祓いをすることで、雪だるま式に邪気

が増幅するような状態にはなりません。

邪気とは何か、その正体を知り、カンタンにできる邪気祓いを日常の習慣にすれば、もう邪気はあなたの人生の邪魔などできなくなります。

それどころか、少々のことがあっても、**運気の下がらない強運体質**になることができます。


成功している経営者やお金持ちの人ほど、自分でトイレ掃除をしているとか、ゲン担ぎのようなことを大切にしていると聞いたことはありませんか？

また、心穏やかに暮らしている人のおうちは、いつも清潔で整っている、と感じたことはないでしょうか。

そうです。あなたもうすうす感じているかと思います。

実は、幸せな人たちはみんな、邪気祓いを生活習慣に取り入れているのです。

この本では、第1部で邪気の正体を明かし、第2部ではいよいよ邪気祓いの具体的な方法をお伝えします。

その中には、宇宙とつながってオーダーメイドのシールドをする特殊な方法もあります。これがなかなか強力なんですよ！

そして最後の第3部では、邪気祓いができる場所や邪気祓いに使えるツールもご紹介します。

このように、邪気祓いに関してフルに網羅されていますので、この本を活用し、ジャッキーを追い出して、ぜひ強運体質になってくださいね。

CONTENTS

第1部 邪気を正しく理解すれば、もう怖くない

第1章 そもそも邪気って何？

第2章 どんな環境が邪気を生じさせるのか？

第3章 他者が発する邪気

第2部 日常的な邪気祓い

第4章 自分自身が出す邪気

第5章 環境の邪気祓い

第6章 他者から来る邪気祓い

第3部 邪気祓いができる場所・ツール

第8章 邪気を祓える場所

第9章 邪気を祓う食べ物

第10章 邪気を祓う香り

第11章 邪気を祓うパワーストーン

第12章 最強の邪気祓い

デザイン　喜來詩織（エントツ）
DTP　NOAH
イラスト　ぱんだにあ
校正　小倉優子
編集　高見葉子（KADOKAWA）

第1部

邪気を正しく理解すれば、もう怖くない

第1章

そもそも
邪気って何？

邪気を恐れるなかれ

夜中にふと目を覚ますと、なんと！　寝室の壁に正体不明の悪魔のような影がうごめいているではありませんか！

「ギャ〜〜〜〜〜〜！　な、な、なんなんだ、あの禍々《まがまが》しいものは！」

もしもそんなものを目にしてしまったら、誰だってビビりますよね。

でもね、その壁にうごめいているものが、実は月の明かりに照らされた蜘蛛だとわかったら、

「なんだよ、蜘蛛の影じゃん」ってなるでしょ。

邪気もそれと同じです。正体がわからないから、必要以上に怖がったり、神経質になってしまったりするのです。

ですからこの章では、

- 邪気とはなんなのか？
- 邪気はどこから生じるものなのか？
- なぜ邪気が取り憑いてしまうのか？

そのあたりのメカニズムをしっかり紐解《ひもと》いていこうと思います。

邪気の正体がわかってしまえば、もう怖くありません。

「なんだよ、いちいちビビらなくても、いくらでも対処できるじゃん」と、一気に気がラクになると思います。

だいたい「邪気」っていう漢字が、イヤな感じですよね。特に「邪」という字が人に警戒感を与え、必要以上に怖がらせてしまう。

だけど、その「邪＝よこしまな考え」は、誰だってときとして持ってしまうものじゃないですか。つまり自分の中にあるものでもありますから、**自分次第でどうにでもできるもの**なんですよ。そのことをしっかり踏まえて、この先を読み進めていってください。

邪気とは低い周波数帯にあるエネルギー

さて、邪気とはいったい何者なのでしょうか？
目には見えないけれど、四次元にいる妖怪みたいなものなのか？
はたまた、モヤっとした氣のようなものなのか？

ふっふっふ。その正体を読者のみなさんに、こっそり教えちゃいますね。
邪気とは、低い周波数帯にあるエネルギーなんですよ。

私たちのいる三次元はすべて振動する微細な粒子から成り立っています。その粒子が密に集まっている状態が物質（固体）なのです。
手で触れられるような物質には、粒子と粒子の間に隙間などないように見えます。物質は気体に比べれば密であるとはいえ、粒子と粒子の間には、目に見えない隙間が実はいっぱいあるのです。

粒子は振動していますから、その振動はその隙間を通して外界に伝わります。

あなたの精神状態のようなカタチのないものも、感情によってその粒子の振動が変わり、特有の周波数を発しますから、外の世界に伝わってしまいます。

だから、なんとなく機嫌の悪い人のそばにいると、こっちまでイヤな気分になったりするのです。

そんな粒子の振動の中でも、歓び、楽しさ、幸福感、快適さ、くつろぎ、愛などの高い周波数帯にあるエネルギーとは違い、怒り、憎しみ、嫌悪感、罪悪感、混とん、葛藤、不潔さなどの**低い周波数帯にあるエネルギー**が邪気なのです。

ですから邪気は、自分が出す場合もあれば、人が出す場合もあるし、モノや状態、情報、環境からも出ます。

では、そんな邪気に取り憑かれるとはどういうことなのか？

それについては、次の項目でお話ししますね。

邪気が取り憑くのは、類は友を呼ぶから

邪気が低い周波数帯にあるエネルギーであることは、前の項目でお話ししましたよね。そして、その邪気というものは、極論すれば三次元を形成している微細な粒子の振動なのです。

でね、その微細な粒子には、性質があります。

それは**似たような周波数同士**がくっつくという性質です。要するに「類は友を呼ぶ」ということですね。

この話をもっと掘り下げていくと、あなたが「こうする！」という意志を宇宙に放ち、その意志を持ち続けるなら、それと似たような周波数を発する粒子をどんどん寄せ集め、現実化するという話にもなるんですが、それはまた別の機会に詳しくお話しするとしましょう。

さて、話を邪気に戻しますね。

邪気も、似たような周波数を発するものを引き寄せますから、邪気を発する人や環境の中にいたり、自分自身が邪気を発しまくっていたりすると、ますます邪気にとらわれている人が周りに集まり、邪気に満ちた環境が現実化していくことになります。

そうなると、落ち着いて考えてみれば、大した問題ではないことが大問題に思えたり、悪いことが起こると決まったわけでもないのに、やたらと不安になったりするのです。

そして、気分が滅入る状態から抜け出せなくなったりします。

気分が沈むと、周波数も落ちて、邪気がさらに集まるので、**本当はそうなってほしくないと思うようなことが現実化する引き金になってしまうこともあります。**

けれども、ご安心ください。あなたは邪気を祓うことができます。

ビビったらますますジャッキーの思うつぼですよ。

大丈夫！　自分はちゃんと邪気祓いできるんだと、しっかり認識してくださいね。

邪気には3種類ある

ここまでのお話でお気づきのことと思いますが、邪気には、

- 環境が発する邪気
- 人が発する邪気
- 自分が発する邪気

この3つがあります。

そして、それぞれの邪気の祓い方があります。

邪気祓いはまず、**どこから来た邪気なのかに気づくこと**から始まります。

環境から来る邪気なのか、他者が発している邪気なのか、それとも自分自身が発している邪気なのか……。それがわかれば、その邪気に対する適切な対処ができますし、予防することもできます。

邪気祓いは意外にカンタン♪

たとえば、その部屋の中に入っただけで、空気が淀んでいて、気分が悪くなったとしますね。

その場合は、部屋を軽く片付けて、窓を開けて氣を入れ替えれば、あっという間に邪気は出て行きます。

不機嫌な上司が、同僚を叱りつけて、オフィスの空気が張りつめ、リラックスして仕事ができないと感じたとします。

そしたら、おいしいお茶でも淹《い》れてリラックスし、デスクに飾った自宅のワンコの写真でも眺めれば、その瞬間に邪気は少なくともあなたからは離れていきます。

こんなふうに邪気祓いって、意外にカンタンにできることなんですよ。

何も、オフィスの中で護摩《ごま》を焚《た》いて真言《しんごん》を唱えないと、上司の不機嫌さから来る邪気が祓えない、みたいなことはありません。

具体的な邪気の祓い方や、邪気から身を守るシールド方法などは第2部で詳しくお伝えしますが、難しいものだと思わないでくださいね。

部屋がムッとする状態だったら、これまでだって窓を開けて空気の入れ替えをしていたように、日常的に自然にやっていたことが邪気祓いでもあったのです。

ただ邪気に取り憑かれているときは、**邪気に対して鈍感になってしまう**ので、邪気祓いをしなくなったり、逆に邪気に引きずられて、邪気が好む環境にいようとしたりするので、増幅してしまっていただけです。

邪気は恐れると、「恐れ」という低い周波数に同調して、ますます集まってしまう傾向があります。

だから何度も言いますが、恐れなくていいのです。**気づいたら祓えばいいだけ。**

しかも邪気祓いは難しいものではなく、誰でも気軽に、かつ手軽にできるものなんです。

そのことをくれぐれもお忘れなく!

塩をまく前に
デスク回りの整理整頓を。
邪気祓いは適切に。

ジャッキージョーカーの格言

邪気だ邪気だと　恐れるなかれ
邪気なんて　要は低い周波数
環境　他者　自分
邪気の発生源はこの3つ
気づいたら　すぐに祓えば
邪気寄り付かず

第2章

どんな環境が邪気を生じさせるのか？

陰気でじめじめした場所に淀む邪気

廃墟に行ったことはありますか?

廃墟はだいたい暗くて、陰気で、湿気っぽくてカビくさいですよね。

こういう言葉を読んだだけで、なんだか気分が悪くなってきませんか?

気分が悪くなるということは、すなわち妖怪アンテナならぬ、**邪気アンテナ**が敏感に反応したということ。こういう自分の感性を信頼してくださいね。

邪気アンテナが反応するということは、そこに邪気が溜まっているということですから、その場を離れるか、邪気祓いをしたほうがいいということです。

廃墟は人が使わなくなってしまったことで、エネルギーが滞り、邪気を発するようになるのです。

廃墟の中には、心霊スポットになっている場所もありますよね。それも当然なんですよ。邪気は低級霊とも周波数が合いますから、集まってきてしまうのです。怖いもの見たさでそういう場所に出かける人もいますが、私ははっきり言っておススメしません。

あなたが精神的に安定した周波数高めの状態ならともかく、精神的に参っているような状態だった場合、もれなく低級霊をお持ち帰りということになってしまいがちだからです。

幸運や光の精霊ならぜひともお持ち帰りしたいですが、低級霊のお土産はいりませんよね。

日常的に通る道も、明るくて眺めがよくて、緑もある気持ちのいい道と、暗くてじめっとした道がありませんか？　暗い道がたとえ近道だったとしても、できれば明るくて眺めがよくて、テンションが上がる道を通ったほうが運気は上がります。

食事をするお店などもそうです。薄暗く、窓がない地下のお店はできれば避けたほうがいいでしょう。そこにお客さんの出入りがあったとしても、やっぱりエネルギーの滞りを招いてしまうので、邪気が溜まりやすくなります。

ホテルに宿泊するときも、多少なりとも眺望がある部屋のほうが邪気が寄り付きにくいです。邪気祓いという点だけでなく、自分を大切にするという意味でも、泊まる前に眺望がある部屋を指定できたら指定をしたほうがいいでしょうね。

仮に暗い部屋でもあなたのエネルギーフィールドをシールドして、邪気を寄せ付けないようにすることはできます。だとしても、**できる限り氣のいい場所を選ぶ**ということは、邪気祓いという点では大事な心がけです。

あなたが邪気に敏感になり、かつできる限り氣のいい場所を選ぶようになったら、あなた自身が周波数高めの安定状態になり、邪気を寄せ付けなくなってきます。

第1章でもお伝えしたように、類は友を呼びますから、高い周波数のあなたは、低い周波数にある邪気を寄せ付けなくなるのです。そうなると、氣のいいホテルを自然に選ぶようになり、氣のいい部屋に自然と案内されるようになります。

最後の章でそのあたりの話は詳しくしようと思っていますが、最強の邪気祓いって、**結局自分の周波数を上げること**なんですよね。

そのことも心に留めておいてくださいね。

氣の新陳代謝がない環境から生じる邪気

前の項目で、廃墟は人が使わなくなったことで、エネルギーが滞り、邪気を発するようになるという話をしましたよね。

池もそれと同じです。古い水が溜まっているだけで、新しい水が入って来ない状態だと、エネルギーが滞り、どんどん淀んで悪臭を放つようになります。

つまり、**氣の新陳代謝がないと邪気を発生する**んです。

ですから、使わないものが、長いことそのましまわれているという状態も、エネルギーの滞りを招き、邪気を発生させてしまいます。

断捨離という言葉は、今では常識になりましたが、断捨離するとスッキリして気分がよくなり、運気が上がるのも、邪気が祓われるからなんですよ。

断捨離というと、衣類や食器など日用品を処分するイメージがあるかもしれませんが、それだけではありません。

たとえば旅行に行ったときに、お土産で買ってきた瓶詰。買ってきたときはちょっと食べたりしていたのに、いつの間にか冷蔵庫の奥地の秘境みたいな場所にしまい込まれて、何年も経っていることってありませんか？

実はそういうものも邪気を発するんですよ。そして、その邪気が他の食品にも浸透してしまうので、冷蔵庫の中の食品の劣化が進みやすくなったりします。

もし、期限切れになっているなら、思い切って中身を捨てて、ビンを洗って捨ててみてください。それだけで他の食品の鮮度が落ちにくくなったりします。

放置されている食品を冷蔵庫から一掃しただけで、庫内の氣がよくなり、中の食品の氣もよくなります。そんな食品なら、健康にもいいに決まってますよね。

それまでは、冷蔵庫を開けるたび、なんとなくイヤな気がしていたのに、それもなくなって、精神的にも邪気が祓われます。

冷蔵庫に限らず、家の中で氣の新陳代謝が滞っている場所はイヤな感じがするはず。邪気アンテナが反応したら、できる範囲でいいですので断捨離しましょう。

汚部屋が発する邪気

これはもう言わなくてもわかりますよね。

モノが出しっぱなしで、ごちゃごちゃ。

掃除もいつしたのかわからない。

埃まみれで変な臭いがする。

そんな汚部屋はジャッキーの大好物ですからね。

ジャッキーだけならともかく、ジャッキーとめっちゃ気の合う貧乏神もルームメイトとしてやって来ちゃいますよ。

それだけはカンベンしてもらいたいですよね。

幸せなお金持ちの家って、たいてい片付いていて、きちんと手入れされているでしょ。その状態では邪気も寄り付けませんから、逆に福の神がやってくるのです。

汚部屋に邪気が溜まるのは、エネルギーの新陳代謝が起こらないからでもありますが、それだけではありません。

混とん状態も邪気を発生させるのです。整理されない状態はエネルギーの迷走状態を招き、あちこちでショートしてスムーズに流れなくなってしまうのです。

混とんから生じる邪気は、**人生のあちこちに障害を作り出し、物事がスムーズに進まない状態を作り出します。**

何をやってもスムーズに進まない。

頭の中が整理されず、どうしたらいいのかわからなくなってしまう。

そういう状態が続いていたとしたら、混とんから来る邪気に取り憑かれている可能性が高いです。

もしそうだとしたら、机の引き出し1つでもいいです。きれいに整理してみてください。それだけで明らかに気分が変わります。

混とんから来る邪気もちゃんと祓えますから、気づいたら即「片付ける」をやってみてくださいね。

日が射さない部屋の邪気

うつ病の人が毎日太陽の光を浴びるだけで、症状が緩和されるという話を聞いたことがありますか?

太陽の光には様々なパワーがありますが、特に朝日を浴びると「幸せホルモン」ともいわれるセロトニンの分泌が促進されるので、気持ちがポジティブになります。だからうつ病の症状も緩和されるのです。それだけではありません。太陽の光を浴びることで、ビタミンDが生成され、免疫力も上がります。

さらに、朝日を浴びてセロトニンの分泌量が上がれば、体が活動モードに切り替わり、シャキッと目覚めて、昼間は元気に活動できます。

そして、セロトニンが朝に分泌されたなら、夜になると逆にメラトニンという眠気を催すホルモンがしっかり分泌されるので、夜は質の高い睡眠が取れるのです。

つまり、太陽の光を浴びるということは、それだけで心身ともに健康になり、かつ周波数も上がるので、邪気を寄せ付けなくなるということです。

無償でこれだけの恩恵を与えてくれる太陽には、感謝するばかりですね。

ですから、部屋に太陽の光が入ることは、とっても大事なことなんですね。

これは私の個人的な感覚ですが、**太陽の光自体に、邪気を祓う力がある**気がします。部屋の中に邪気が漂っていたとしても、太陽の光が入ると、その邪気がその場所に留まっていられなくなり、浄化されてしまうんですよ。

逆に、太陽の光が入らないと、生命力が落ちていく邪気が溜まってくる気がします。だから気分も滅入るし、病気にもかかりやすくなるのだと思います。

この邪気は人間の生命力だけでなく、家そのものの生命力をも奪う気がします。

新築の家でも人が住まずにカーテンを閉め切った状態にしていると、どんどん劣化していきます。でも古い家であっても、人が住んで毎日太陽の光を入れていれば、長持ちしますよね。

そのくらい太陽の光には、邪気を寄せ付けない力があるのです。

風通しの悪い部屋の邪気

私たちが1日家の中で暮らすだけで、様々な感情エネルギーを発します。喜びや楽しさなどの感情だけでなく、イライラや落ち込み、焦りなども感じることもあるでしょう。

さらには気分転換をしたときには、精神的な疲労なども解放されるので、その疲労というエネルギーも部屋の中に放出されることになります。

ですから、1日暮らすだけで、当然私たちからも周波数の低いエネルギーである邪気が放出されるんですよ。

それは、**人間の精神活動の新陳代謝**であり、至極当たり前のことなので、それがいけないということではありませんよ。

ただ、放出された古いエネルギーである邪気を祓って、新鮮な氣で満たす必要があるということ。

そのためには部屋の窓を開けるに限ります。

そのときに、できれば東西とか南北のように向かい合った窓を開けて風を通すと、すぐに家の中が新鮮な氣で満たされます。

ところが、風通しが悪い部屋だったとしたら、放出された古い氣である邪気が溜まってしまいます。

部屋の掃除ももちろん大事だし、それによって邪気も祓われますが、物理的なゴミは掃除機で吸えても、風が通らなければ、**人間から排出された古い氣やネガティブな氣は残ってしまう**んですよ。

そうなると、いつもなんだか知らないけれど気分がモヤモヤして、スッキリしない状態になってきます。

幸せな人生を生きたいという気持ちがあっても、やりたいことにチャレンジする意欲も湧かなくなってきます。そうなったら当然運気も下がってきちゃいますよね。

だから風を通すということは、とても大事な邪気祓いなのです。

水回りの汚れから来る邪気

風水でも、水回りがきれいであることが開運の基本だといわれています。

私も大いに同感です。

キッチン、お風呂、トイレなどの水回りは、いずれも汚れを洗い流す場所です。汚れを洗い流すときに、実は邪気も洗い流されているんですよ。

邪気なんて、きれいさっぱり洗い流されていってほしいじゃないですか。

ところが水回りが汚れていると、排せつされた古いエネルギーが浄化されずに残り、邪気として溜まってしまうんです。

水回りと一口に言っても実は家の中にたくさんあります。

- キッチンのシンク、排水溝
- お風呂の壁、床、排水溝

- トイレの便器、床、手洗いのボウル
- 洗面所のシンク、排水溝
- 洗濯機の洗濯槽

これらの水回りが、まったく掃除されておらず、ヘドロまみれになっていると、邪気がきれいに洗い流されず、そこに蓄積されてしまいます。

この水回りにへばりつく邪気はちょっとやっかいです。

一番影響が出るのが健康面。汚れがスムーズに洗い流されないことから来る邪気なので、体の中の泌尿器や腸、血管などの「詰まり」による病気にかかりやすくなる可能性が高いです。

そもそも不潔なわけですから、バイ菌もはびこるでしょうし、おなかを壊したり、皮膚疾患になったりしても、全然不思議ではありませんよね。

ですから邪気祓いにおいて、水回りをきれいにするということは、特に健康面でとても大事なことです。

キャ〜〜
暗い部屋でホラー映画なんて俺のベスポジじゃねえか
イカン！このままでは部屋が邪気まみれだ！
こうなったらオープンザウィンドウ攻撃！
ま、窓が……リアルホラーじゃない

窓ごとぶっ飛ばす前に
まずはカーテンを開けましょう。
邪気祓いは適切に。

ジャッキージョーカーの格言

近道も　暗い道なら　運気ダウン

冷蔵庫　秘境で邪気出す　瓶詰たち

そのモヤモヤ
汚部屋の邪気から　来てるかも

太陽と風の入らぬ場所に
邪気寄り集まる

水回り　汚い家には
病も邪気も寄って来る

第3章

他者が発する邪気

機嫌の悪い人が発する邪気

この章では、他者から来る邪気についてメインでお話ししますが、逆の立場になったら、自分が邪気を出す側にもなるということ。自分事としての視点も交えてお話ししていきますね。それではさっそく始めます。

朝、オフィスに入ったら、なんだか知らないけど、隣の席の同僚がゴキゲン斜め。「おはよう」のあいさつも、なんだかとげとげしい。こういう人が近くにいるだけで、なんだか緊張し、イヤな感じがしてきませんか？

別に自分が相手の怒りの対象でなくても、居心地悪くなっちゃいますよね。誰かが不機嫌だったり、イライラしたり、暗く滅入《めい》っていたりすると、やっぱり邪気が放たれるので、そばにいる人も邪気を受け取り、イヤな感じがしてくるのです。

実を言うと、不機嫌なその人自身が、潜在的にはそういう状態になってしまった自分のことを否定しているのです。

「ああ、なんでこんな状態になってしまったんだろう」

「こんなうまくいかない状態になるなんて、自分はダメなヤツだ」

そんな、自分の中にある潜在的な自己否定を見たくないので、怒りを感じさせた相手に矛先を向けてイライラを募らせてしまう……。

そのとき、最も強くイヤな感じがする邪気が放たれるのです。

けれども面白いことに、もしもその人自身が、イライラする気持ちになることを受け入れていたなら、そんなに邪気は放たれないいんですよ。

なぜなら、**あるがままの自分を受容すると、自己受容からくる愛の周波数が放たれるから**です。それができたなら、イライラも不思議なことに収まってきます。

誰でもイライラすることや落ち込むことがあります。そんな自分を受け入れるだけで、邪気を放つことからも、邪気に振り回されることからも自由になれるのです。

このことも、覚えておいていいと思いますよ。

他者の敵意や嫉妬からくる邪気

芸能界やスポーツ界のスーパースターに、誰でも憧れることがあると思います。

「私も何万人もの観客を、感動させてみたいもんだなあ」

そんなふうに思ったりしますよね。

でもね、スーパースターも実はラクではありません。

たくさんの人に憧れられるということは、そんな人気者への嫉妬や、こっちを振り向いてほしいという執着、果ては敵意や金儲けの道具にしたいという強欲など、いろんな念が飛んでくるのです。

目には見えませんが、そういった念も邪気です。

本人がいつもゴキゲンで周波数高めなら、そんな邪気が飛んで来ようと、逆に跳ね返してしまいますが、自分が不調なときは、その邪気によってさらに気分が落ちたり、調子が悪くなってしまったりもします。

でもね、人に向かって邪気を放ったなら、それは巡り巡って自分に返ってきますから。**人を害しているようで、結局は自分を害することに**なってしまいます。

邪気を放つと、似たような邪気を呼ぶってお伝えしましたよね。

だから、自分が敵意や嫉妬の邪気を放つと、同じような邪気を放つ人をどんどん自分の周りに集めてしまいます。

そうなると、自分自身も人から敵意を持たれたり、幸せや成功を喜んでもらえなくなったりしてしまうんですよ。それではスムーズに成功することもできません。

そうして人生がうまくいかなくなると、余計に成功している人が妬ましくなり、またまた邪気を寄せ集め、運気も下がるという悪循環に陥ってしまいます。

人から嫉妬や敵意の邪気を向けられても、しっかりシールドしていれば、ほとんど影響を受けなくて済みます。そのやり方は第2部で詳しくお伝えしますね。

ただ、誰でも嫉妬してしまうことはあるわけで、そのままそれを敵意として向けてしまうと、自分自身にとってもよくないということは覚えておきましょう。

また、嫉妬するということは、その人と全く同じではないにせよ、別な形でそれと同じくらいの能力を発揮できるということでもあるんですよ。

数学者だったら、難しい数式をいともカンタンに操って、超難問を解いてしまう学者に嫉妬するかもしれませんが、モデルさんは、数学ができる人に嫉妬しませんよね。だけど、自分よりもスタイルがよくないのに、キャラクターのエッジが立っていて、あちこちのステージに呼ばれるモデルさんには嫉妬したりするかもしれません。

つまり、自分のフィールドと同じフィールドにいる人に、人は嫉妬するんですよ。私もああなりたい。私にもそれだけの力があるのに、なんでかなって思っちゃう。ということは相手を妬むんじゃなくて、**自分が人と差別化できる個性はなんなのか**しっかり認識して、それを打ち出すことにパワーを使えばいいんですよ。

逆にその嫉妬している相手を、「あなたって本当にスゴイですよね」ってほめて、仲良くなっちゃったっていいじゃないですか。

仲良くなってしまえば、逆に相手の魅力がよくわかるようになり、どうすればさらに自分の魅力を引き出せるのか、わかるかもしれませんよね。

だから、敵意を持つほど嫉妬したなら、その人の持つ素晴らしさは自分にもある証拠なんだ、くらいに思っていい。

そして、それを機会に、**自分の持つ能力をどんどん開花させていけばいいんです。**

そんなあなたは、きっととっても魅力的だと思います。邪気ではなく、そんな魅力が放たれれば、もちろん周波数だって爆上がりです。

周波数が爆上がりしてしまえば、もちろん邪気なんて寄りつけないし、人気も出るようになるし、あなたを応援してくれる人だって、どんどん増えていくでしょう。

そうなったら、あなたの成功だって、みんなに祝福されるようになりますよね。

そんなカラクリがわかったら、嫉妬してる場合かって思いませんか?

あなたは今この本を読んで、そういうカラクリを知っちゃったわけですから、これを活用しない手はないですよね。

嫉妬するということは、自分の能力を引き出すチャンスを手にしたということ。

これからはこっちの路線で行きましょう。

ネットやメディアが発する邪気

ふだん何気なく見ているネットやテレビなどのメディアには、様々な情報があふれかえっていますよね。

ネットを見れば、ピンからキリまで、様々な情報にアクセスできます。

災害や事故などの悲惨なニュースや映像は、情報として知ることが必要な場合もあります。けれども、そうした情報は低い周波数を帯びているので、長時間触れていると、やはり邪気がまとわりついてしまいます。

災害や事故のニュースならまだしも、ネットの中には、とんでもないデマや、人々を不必要に不安に陥れる情報、人の悪口や中傷を書き込むサイトなど、もっともっと周波数の低いサイトもあります。

この本をお読みのみなさんは、そんな情報にはアクセスしていないと思いますが、たとえばゴシップ情報など、興味本位でついついネットで追いかけてしまったりすることぐらいはあるかもしれません。

そういうとき、やっぱりなんとなくイヤな気分になってきませんか？

それってあなたの邪気アンテナが反応している証拠。

邪気アンテナが反応したなら、さっさとそういうサイトから離れましょう。

どうせ見るなら、自分が見ていてほっこりしたり、感動したり、思わず笑ってしまうような番組やサイトを見ることをおススメします。

美しい自然の映像を、クラシックの音楽とともに流しているサイトもたくさんあります。そういう映像を見ているだけで癒され、心が解きほぐされていきます。

私が好きなのは、ワンちゃんや猫ちゃんの自然なかわいい様子を流しているYouTubeチャンネルです。無邪気な姿を見ているだけで、愛があふれ出し、周波数もあっという間に上がります。

後は芸人さんがやっているお笑いチャンネルですね。

明るい笑いは周波数をすぐに上げます。

試しに、別におかしいことがなくても、笑ってみてください。それだけで明らかに気分がよくなります。みなさんもご存じのことと思いますが、笑いが免疫力を上げたりする効果もあるといわれていますよね。

そのくらい笑いには、邪気を寄せ付けない力があるのです。

そんな笑いを提供してくれる芸人さんたちには、本当に頭が下がります。

ふだん私たちは、無意識にテレビやネットを見てしまいますが、**情報によって邪気を受け取ることもあれば、周波数を爆上がりさせることもできる**ということを、認識したほうがいいと思います。

情報から来る邪気をシールドする方法もあるので、それについては第2部でお伝えしますね。

でも、やはりアクセスする情報は選びましょう。仮にシールドできたとしても、あなたの部屋の中にその邪気は漂います。

窓を開けるなどして、氣の入れ替えをすれば済むことですが、できるだけ気分よく過ごせるに越したことはありませんからね。

バリアを張る前に
状況確認を。
邪気祓いは適切に。

ジャッキージョーカーの格言

不機嫌な　自分を受け入れたなら
邪気は出ず

敵意・嫉妬を放つなら
巡り巡って　自分に戻る

周波数　高くなるほど
邪気寄り付かない

情報を　選んで受け取り　強運に

第4章

自分自身が出す邪気

ネガティブ思考が発する邪気

人の愚痴《ぐち》に付き合わされたことはありますか？

悲観的で、不安だらけ。そんな愚痴をずっと聞いているとゲンナリしますよね。

それはやはり、**愚痴が低い周波数であり、邪気を発しているからです。**

第3章でお伝えした不機嫌さだけでなく、不安や恐れ、愚痴、悲観的な考えなどのネガティブ思考も低い周波数なので、やはり邪気を発するんですよ。

実は人間には、もともと**ネガティブ思考の習性**があります。

古代の人間は、自然の脅威や外敵の脅威があったので、常に命の危険にさらされていました。だから、とにかく生き延びることが最優先課題。

生き延びるためには、事前に危険を察知して、それを未然に防ぐ行動をとることが必要ですよね。

つまり、大丈夫だと暢気《のんき》に構えているのではなく、ちょっとした危険の兆しを敏感に察知する必要があったのです。だから、楽観的に物事をとらえるより、ネガティブに物事をとらえて、危険を未然に防ごうとする習性ができたのです。

しかし現代の先進国に住む人たちは、古代ほど日常的に命の危険にさらされることはなくなりました。

けれども、まだその習性は残っていて、今度は自分の生活や将来に関して、ポジティブにとらえるのではなく、困ったことになるとか、社会から取り残されるとか、不幸になるのではないかと、まだ起こってもいない危険を想定して不安になったり、身構えるようになってしまったのです。

そう！　まだ何も恐れるようなことなんて起こっていないのに。

あたかもそれが起こることが確定しているかのように思って、不安になってしまう。人のことだって疑ってしまう。

相手には何の悪意がなくても、悪意があるという前提で、相手の言葉をとらえ、せっかくほめられても、下心があってお世辞を言っているだけだと思って、素直に喜ばない人もいます。

自分のことだってそうです。

自分にはたくさんの力があるのに、やる前からどうせできないと思い込む。失敗するくらいなら、やらないほうがマシだと、挑戦もしなくなる。

まっ、この本を読んでいるみなさんは、そんなネガティブ思考から脱していると は思いますけど……。


ところで、すべてのものは粒子でできていて、しかも、その粒子は似たような周波数を発するものを寄せ集めてカタチにしてしまう性質があるということをお伝えしましたが、覚えていますか?

ということは、何事もネガティブにとらえて、その妄想に取り憑かれてしまうなら、残念ながら、恐れたことが現実化しやすいということですよね。

つまり、**自分が発するネガティブ思考の邪気は、あなたの人生を、あなたが一番恐れる方向に現実化させてしまう**ということなんですよ。

このことを、しっかり肝に銘じましょう。

かといって、ネガティブに考えてしまう自分を「ダメじゃないか！　またそんなふうに考えちゃ！」って叱ったり、否定したりしなくてもいいのです。

自分がネガティブに考えていることに気づいているわけですから、そのままネガティブ思考に流されそうになっていた頃とは大違いなんですよ。なんなら、その状態に気づいた自分をほめちぎってもいいくらいです。

「いやあ、ちゃんと気づけるなんて、すごいじゃないか！　大進歩だよ」って。

その上で、そんな自分も受け入れる。そうすれば、邪気も出なくなります。そんな話は第3章でもしましたね。

だけど、何かをネガティブに強く思うことで、それが現実化してしまうなら、**逆にも応用できる**ということですよね。

- ますます幸せになっちゃう
- 幸運が次々と押し寄せる

- 人との出会いに恵まれる
- たくさんの人に応援される
- やりたいことをやって成功する
- 豊かさがどんどん流れ込む
- 若々しく健康であり続ける
- 問題がちゃんと解決していく
- 宇宙の叡智《えいち》がどんどん降りてくる

こんなふうに思い込むなら、こっちが現実化していくということじゃないですか。こっちのほうがいいですよね。

ということで、ネガティブ思考に陥りそうになったら、そのことに気づいて止まり、受け入れて、逆にうまくいく方向に意識を集中すればいいわけです。

こっちを習慣にしていくなら、ネガティブ思考の習性はやがて退化していきます。

感情の解放によって出る邪気

私はときどき、自分のブログの読者のみなさんに対して、自分が手放したい思い込みやパターンがあったら、コメント欄にアップしてくださいと呼びかけることがあります。

これをやると、多いときは2000件ものコメントが入ることもあるのですが、こうした解放が起こるときも、やはり邪気が出るんですよ。

解放って、**古いエネルギーを脱ぎ捨てる**ようなものですから、排せつされた古いエネルギーは低い周波数でもあるので、邪気になるのです。

コメント欄で解放をする場合は、私が宇宙とつながって浄化していますので、問題ありませんが、一人で家の中で怒りやトラウマの解放ワークなどをする場合、解放した後は、部屋を浄化をしたほうがより効果的です。

夜寝ているときも、1日の疲れというエネルギーが放出されています。

そして、その放出されたエネルギーは、パジャマやピローケースやシーツ、布団カバーなどに染み込みます。

解放されることによって生じる古いエネルギーの邪気は、**特に布製品に染み込みやすい**んですよ。

ですからパジャマやベッドリネンだけでなく、着ている衣類はもちろん、カーテンなどのような大判のものにも少しずつ蓄積していきます。

それが浄化されないと、気分が晴れない状態が続いたりします。

ベッドリネンなどは、睡眠に直接関わりますから、睡眠の質が下がったり、体調不良につながったりする場合もあります。

つまり、お洗濯をするということは、そんな邪気を洗い流すことになりますから、邪気祓いにもなっているんですよ。

不潔な状態によって出る邪気

皮膚が新しく生まれてから剥《は》がれ落ちるまでに、28日かかるといわれています。つまり、1か月もすれば、新しい皮膚に生まれ変わっているということ。それだけ新陳代謝って結構活発なんですよ。

ずっとお風呂に入らずにいると、その新陳代謝が滞り、皮膚が荒れたり、かゆくなってきたり、頭が臭くなってきたりするのは、皮膚の表面に押し出された古い角質を洗い流してくれという体からのサインなのです。

私たちはこうした肉体的な新陳代謝だけでなく、精神的な新陳代謝も行っています。1日過ごせば、いろいろな感情を感じるでしょうし、疲れだって感じるでしょう。そういう精神的なエネルギーも体の周りに放出されます。

お風呂に入ると、そんな体の汚れだけでなく、精神活動によって放出された古いエネルギーも一緒に洗い流されるので、お風呂に入ると心身ともにスッキリします。

けれども、ずっとお風呂に入らずにいると、肉体的にも精神的にも新陳代謝が滞り、**自分自身が邪気の発生源**になってしまいます。

ちょっと想像してみてください。自分の周りに邪気がへばりついてる状態を。

ゾッとしちゃいますよね。

目には見えないかもしれませんが、周囲の人もそれを敏感に感じ取り、何となく避けたくなったり、イヤな人という印象を持ったりするでしょう。

体が不潔な状態だと、不衛生なだけでなく、邪気まみれになってしまうので、どうしたって運気を下げてしまうのです。

ということは、普通にお風呂に入るだけで、邪気祓いになるということ。だから入浴タイムってものすごく大事なんですよ。

せっかく入浴するなら、その時間が楽しみになるような工夫をするといいですよね。ときには大地から湧き出る温泉を楽しむのも超おススメ。

そのあたりの詳しい話は第2部でお伝えしますね。

窓を開ける前に
お風呂に入りましょう。
邪気祓いは適切に。

ジャッキージョーカーの格言

ネガティブな
自分を受け入れることも　邪気祓い
恐れれば　恐れた通りに　実現し
1日を　普通に過ごしただけでも
邪気は出る
不潔なら　邪気も貧乏神も
寄って来る

第2部

日常的な邪気祓い

第 5 章

環境の邪気祓い

基本的にイヤな感じのするところには行かない

私たちには、ちゃんと邪気を察知する邪気アンテナがあります。あなたも、なんだかよくわからないけど、その部屋や建物に入った途端にイヤな感じがしたことがあると思います。

そのイヤな感じこそが、邪気アンテナが反応したサインです。その「イヤな感じ」をスルーしないで信頼してください。そう感じるということは、その場所に邪気が溜まっているということですから。

邪気アンテナが反応するような場所には、基本的に行ったり、近寄ったりしないに限ります。わざわざそんな場所に行って、邪気をもらってくることもないじゃないですか。

特に自分の気分が落ち込んでいたり、不満が溜まっていたりする、周波数の低い状態だと、その場所にある邪気をお持ち帰りしてしまう可能性が高くなります。

何度もお伝えしているように、周波数には**類は友を呼ぶ性質**があるので、自分自身の周波数が低ければ、その場所にある低い周波数である邪気を、寄せ付けやすくなってしまうのです。

そうなると、ますます邪気が増幅して、運気も下がってしまいます。

邪気が増幅状態になると、邪気アンテナの感度も鈍ってきて、逆に邪気の溜まっている場所ほど、居心地よく感じるようになってしまったりします。

そうなる前に、**ちょっとでも「イヤな感じ」がしたら、その場所から出ること。**

どうしてもそういう場所に行かなければならない場合は、次の章で紹介する光によるシールドをしっかりやった上で行くようにしてください。

それ以前に、日常的に邪気祓いをして、邪気の寄り付かない状態になっていることが大事です。

その方法について、この第2部でしっかりお伝えしていきますので、ぜひ活用してください。

部屋を片付ける

汚部屋には2つの邪気が存在します。

1つは混とんとした状態から出る邪気。もう1つは不潔な状態から出る邪気です。

この項目ではまず、混とんとした状態から来る邪気祓いの方法をお伝えしますね。

混とんとした状態から来る邪気は、人生に壁を作り出します。

ごちゃごちゃした部屋にいたら、その邪気を反映して、現実の人生もごちゃごちゃになり、スムーズに事が進みにくくなってしまうのです。

その人の部屋を見れば、その人の生き方がわかるといわれることがありますが、それってあながち見当違いではありません。

ですから、人生をスムーズに進めるためにも、まずは部屋を片付けることです。

片付けが習慣化されている人にとっては、どうってことないことだと思いますが、片付けが苦手な人もいるでしょう。

そういう人は、まず、家の中で一番よく使うテーブルの上やデスクの上など、**どこか1か所だけでも、寝る前に片付ける**ということをやってみてください。

もし、もう1つやれるなら、**出したものは元の場所に戻す**こと。

たった2つのことですが、これだけで、だいぶ違ってきます。

まず自分自身の気分が変わってきます。最初は片付けるのが面倒くさい感じがするかもしれません。

ところが、朝起きて、片付いたテーブルを見ただけで、なんだか気分がよくなってくるのです。

テーブル1つといえども、侮ることなかれ。邪気は確実に祓われ、それがあなたの気分をよくしてくれます。そうなると、なんだか椅子の上も、キッチンの調理台の上も整理したくなってきます。

それから、出したものを元の場所に戻すということもやってみれば、実はそんなに大変なことじゃないということに気づきます。

そうなんですよ。最初は元の場所に戻すことが大変な気がするかもしれませんが、実は、出しっ放しのものであふれていたから、大変に思えていただけなのです。いっぺんに全部をきれいにしようとすると、片付けが苦手な人にとっては、それが大変に思えます。でも、できるところから一歩踏み出してしまえば、それが誘い水となって、どんどんやりたくなってきます。

実は私も、20代の頃は部屋が散らかっていました。当時はコピーライターとして深夜まで仕事をしていたので、家に帰ってきても、疲れ切っていて、片付ける気力が湧かなかったのです。

けれども、そういう部屋に戻って来ると、疲れが抜けないし、テンションも下がります。そこで、とにかく物を出したら元の場所に戻す、ということを心がけることにしました。

そしたら、それだけで混とんとした邪気が減ってきて、気分も上がり、睡眠の質も上がってきました。そして整理することも楽しくなってきたのです。

それによって体調も運気も上がってきました。そんな流れの中で制作チームのチーフに抜擢され、大きな仕事を任されるようになりました。収入が上がったのも言うまでもありません。

私の知り合いにも、そういう人がいます。彼女の部屋はいつ行っても散らかっていて、棚の上にはいつも埃が積もっていました。

こういう部屋にいたら、不衛生で病気になるんじゃないかと思っていたのですが、本当に彼女は病気になってしまいました。結構重い病気だったので、主治医からは最悪の場合、余命は1年だと宣告されました。

そこから彼女は様々な本を読み漁り、その病気の食事療法や、運気を上げる生き方を学びました。そしてあんなにごちゃごちゃだった部屋の片付けと掃除を毎日やるようになりました。

そしたらどうなったと思いますか。その病気の進行が止まり、余命1年どころか、あれから8年以上経ちますが、今も元気にやっています。

たかが部屋の片付けと思うかもしれませんが、明らかに運気アップにつながったのです。片付けが苦手な人も、できることから一歩踏み出してみてください。

掃除を習慣化するコツ

私は以前、自宅をサロンにして、個人セッションをしていました（今はやっていません）。

前の項目でもお伝えした通り、もともとそんなに片付けや掃除が得意な人間ではなかったのですが、クライアントさんが来るので、必要に迫られて毎日トイレや部屋を掃除するようになりました。

すると、あることに気づきました。

それは、毎日やっていれば、掃除も大して手間がかからないということ。

毎日掃除をしていれば、そんなに埃も汚れもたまらないんですよ。だからあっという間に終わってしまうのです。

逆に1週間分まとめて掃除しようと思うと、あちこち手を入れなければならず、かえって面倒くさくなってしまいます。

その上、きれいな部屋のほうが明らかに気分がいいということを一度実感してしまうと、その状態を続けたいし、もっときれいにしたくなってきます。それは前の項目でお伝えした片付け同様です。

セッションをするということは、クライアントさんの感情の解放も起こるので、普通の部屋よりも邪気も溜まりやすいのです。

けれども毎朝窓を開けて掃除をし、クリスタルやお香なども使って浄化していたら、セッションをするようになる前よりも、かえって家の氣がよくなりました。

おかげさまで、首都圏の外れで、しかも駅から歩いたら20分近くもある場所なのに、クライアントさんは途切れず、どんどん増えていきました。

いきなり家中きれいにしようと頑張らなくてもいいですから、まずはトイレの便器だけとか、床の埃取りのワイパー掛けだけとか、カンタンにできるところから始めることです。

周波数が低いと、部屋が汚くてもなんとも思わなくなってきます。そんな邪気に対してマヒした状態であっても、お掃除という邪気祓いをして、一度氣のいい状態を体験すれば、あなたの邪気アンテナの感度はよくなります。

そして、邪気の祓われた氣のよい環境がやっぱり気分がよいということもわかるようになり、その環境を維持したいと自然に思えるようになります。

新しい習慣が定着するには、だいたい3週間かかるといわれています。

でもね、これは私の実感値ですが、**1週間でもある程度定着します。**そもそも氣のよい部屋のほうが気分がいいということを味わってしまったなら、それが強い動機となるので、1週間も続ければ定着してしまうのです。

そうなると、やらないと不自然な感じがしてきて、自然に体が動き、苦もなく続けられるようになります。

その上、運気まで明らかに上がってきますから、これはもう絶対続けたいと自ら進んでやりたくなってきます。

だからそんなに難しく考えず、片付け同様できるところから、カンタンな掃除を続けてみてください。きっといいことがありますよ♪

部屋に太陽の光を入れる

太陽の光をいっぱいに浴びて乾かした洗濯物の匂いを嗅いだことがあると思います。あの日向のような暖かな香りって、最高に心地いいですよね。

洗濯物は、直射日光に当てて乾かすと、紫外線によって殺菌されるのです。

お洗濯をするだけで衣服についた邪気が洗い流される上に、太陽の光まで浴びたら殺菌もされ、邪気はひとたまりもありません。

だから、太陽に当てて乾かした洗濯物は、あんなにも心地よく感じるんですよ。

邪気は低い周波数のエネルギーですから、基本的に暗い場所や汚れた場所が好みです。

つまり、光が大っ嫌いということ。

ですから、太陽の光がいっぱい入る部屋に、邪気は寄り付きません。

ということは、部屋の中に太陽の光を入れるだけで邪気祓いできるということ。部屋の中に太陽の光を入れることぐらい、誰でもカンタンにできます。

一番いいのは、朝日です。朝日には**リセット効果**もあるので、昨日まで何があったとしても、気分をリセットしてくれます。邪気祓いができる上に、リセット効果もあるので、一挙両得です。

そんな朝日を、ガラス越しではなくできれば窓を開けて、直接部屋の中に入れてください。そのほうが、邪気祓いの効果てきめんです。

もしも朝日を部屋の中に入れられなかったとしたら、14時くらいまでの太陽光なら十分効力があるので、10分から15分程度でいいですから、部屋の中に入れるようにするといいと思います。

せっかく窓があるのに、窓の前に大きな家具があって十分に日が射さない状態になっているなら、邪気祓いという観点からすれば、部屋の家具の配置を変えたほうがいいと思います。

また、外から部屋の中が丸見えになってしまうという理由で、カーテンを閉め切っているとしたら、レースのカーテンにすれば昼間は中は見えないし、光も十分入ってきます。

太陽の邪気祓いパワーは馬鹿にできないし、邪気が祓われることで、運気も上がっていくので、それだけのことをする価値があると思うんですよね。

ですから、ぜひご検討ください。

また、できるなら、あなた自身も朝日を浴びたほうが尚いいです。

あなたの体から放出された古いエネルギーである邪気も、太陽の光を浴びることで、浄化されるからです。

それに太陽の光は生命力もチャージしてくれます。

私は毎朝、朝日を浴びながら瞑想をしていますが、これをした日としない日では大違いなんですよ。朝日を浴びると明らかにパワーチャージされ、元気がみなぎってきます。ちょっとくらいイヤなことがあっても、吹き飛んでしまいます。

元気がみなぎると、もちろん周波数も上がり、ツイていることが多くなります。

それに私のように文章を書いたり、人前で話をしたりする人間にとっては、宇宙とつながって叡智を受け取れる状態をキープすることが、とても重要なんです。そんな宇宙とのつながりをよくし、創作意欲につながるパワーも、朝日を浴びているとチャージされます。

太陽の光を浴びることにはそれだけのたくさんの効果があります。

その意味では、日向ぼっこもめちゃくちゃおススメです。日向ぼっこの効果は、体がぽかぽかする温熱効果だけじゃないんですよ。邪気も祓われてしまいますから、心身両面にいいのです。

特に日照時間が短くなる冬こそ、日向ぼっこをおススメします。

たとえ冬でも、直射日光は十分暖かいです。冬は風邪やインフルエンザにかかりやすくなりますが、太陽の光を浴びると、ビタミンDが形成され、免疫力も上げてくれますから、風邪予防の効果まであります。

夏場は、熱中症になる恐れもあるので、長時間浴びることは控えたほうがいいでしょう。でも朝日ならそんなに暑くもありませんから、短時間なら大丈夫だと思います。ぜひ夏も太陽の光を活用して、邪気祓いしてください。

風通しをよくする

家の中には太陽の光が入らない部屋や、窓のない部屋もあるかもしれません。

そういう場所でも風を通せば、十分邪気を祓うことができます。

できれば南北や東西など、**風がまっすぐに通り抜けられるような位置にある窓**を開けて、風を通します。

邪気は、最初にお伝えしたように、低い周波数帯にあるエネルギーです。

いわば気体のような目に見えないものですから、窓を開ければ、空気の入れ替えができるように、邪気も外に出て行きます。

その代わりに、新鮮な氣が入って来るので、部屋の氣がよくなるのです。

もしも、南北、東西のようにまっすぐに風が通り抜けられる位置に窓がなかったら、短時間でもいいので、家中の窓を開け放つことです。

それだけで十分邪気は外に出て行ってくれます。

これも、できれば朝にやったほうがいいです。昨日1日過ごして排出された古いエネルギーである邪気を、朝に全部出してしまえば、今日という日をスッキリ気分よく始められるからです。

もちろん、朝に限らず、大げんかした後とか、怒りやトラウマの解放ワークをした後なども、窓を開けて、放出された邪気を出してしまったほうがいいでしょう。窓を締め切った状態にしてしまうと、その邪気がまた別な邪気を呼んで増幅され、精神的にも肉体的にも悪影響が出る可能性があるからです。

そんなに神経質になる必要はありませんが、夜など窓を開けづらい時間帯なら、5分くらい換気扇を回すだけでもいいです。とにかく邪気は溜めずに、外に出すことを心がけましょう。これもまた、まずは1週間やってみてください。

明らかに気分が上がってきますし、体調もよくなってきます。

窓を開けて風を通すなんて、誰でもできることですよね。でもこの**誰でもできることを習慣にするか否か**で、人生には大きな開きが出てくるのです。

ベッドリネンやカーテンを洗う

私たちは寝ている間も、新陳代謝をしています。これまでお伝えしたように、肉体的な新陳代謝だけでなく、精神的な新陳代謝もしているのです。

つまり、ベッドリネンには汗や皮脂だけでなく、排せつされた古いエネルギーである邪気も染み込んでいるということ。

ですから、ベッドリネンは少なくとも1週間に1回は洗いましょう。

けれども、シーツや布団カバーなどは結構かさばりますから、洗濯機の中に入れると、それだけでいっぱいになることもありますよね。

乾かすにも場所を取るし、何となく面倒な気がするかもしれません。その気持ちもよくわかります。

ベストなのは、やっぱり太陽に当てて乾かすことですが、梅雨時や冬場はそうはいかないこともありますよね。そういうときは、コインランドリーで洗濯から乾燥までしてしまったっていいんです。

天日干しできなくとも、邪気は水で洗い流せますから、時間がないときや忙しいときは、何日間も洗わずに使い続けるより、コインランドリーを活用してでも洗ったほうが断然いいです。

きれいに洗ったベッドリネンに包まれて眠ると、それだけで、とっても心地いいですよね。

この**「心地いい感覚」**を大事にしてください。その「心地よさ」が邪気がない状態のバロメーターです。みなさんには、邪気の有無を察知できるアンテナがちゃんと備わっていますから、その感覚を信頼してくださいね。

ベッドリネンの他に、部屋の中の邪気が染み込みやすいのは、布製のカーテンです。直接体が触れるものではありませんが、少しずつ染み込んで、3か月もすると意外にガッツリ染み込んでいます。

ですから、だいたい季節の変わり目を目安に、洗濯機で洗える素材のものは洗濯機で、洗濯機で洗えないものはクリーニングに出しましょう。カーテンなんて、そんなに汚れていない気がするかもしれません。これがねえ、洗ってみるとわかると思いますが、結構汚れているんですよ。

邪気以前に、埃が結構染み込んでいて、洗濯水が真っ黒になったりしますよ。カーテンを洗うと、「あれっ？ こんなにきれいな色だったっけ？」と驚くほどきれいになります。それがまたとっても気持ちがいいんですよ。風に吹かれて揺れるカーテン越しの光まで、なんだかきれいに見えるほどです。

プラスチックや木製のブラインドは、布製のカーテンに比べると邪気が染み込みにくいので、大掃除のときなどに乾拭きするだけで大丈夫です。

その他、布製のソファカバーやひざ掛け、クッションカバーなども、ときどきお洗濯しましょう。

こういう部屋の中の布製品の邪気が取れると、明らかにあなた自身の周波数も上がります。部屋にいるときのリラックス感や疲れの取れ方が全然違うことに驚くでしょう。そしてやっぱり運気も上がってきますよ。

水回りの掃除をする

邪気祓いに一番効くのは、実は水回りの掃除です。

これは私自身が実際に続けてみて、その効果のほどをリアルに実感しています。

はっきり言って、**水回りの邪気祓いができると健康運はもちろん、あらゆる運気がアップしてきます。**なぜなら水回りこそ、最も邪気が溜まりやすい場所なので、水回りがきれいであるなら、邪気が格段に寄り付かなくなるからです。

部屋の中の埃や塵を掃除機で吸い取ることも大事ですが、それ以上に水回りをきれいにすることが邪気祓いの最重要ポイントなのです。

まずキッチンの水回り。

シンクの中をスポンジで洗って水で流すのが基本ですが、もっと大事な箇所があります。それは排水溝です。特に、ゴミが溜まる網状のゴミかご。

このゴミかごと、その上や下にはまっているプラスチックのカバー！　ここに物理的な汚れはもちろん、邪気も一番溜まりやすいんですよ。

ここのゴミをさらいやすくするストッキングネットが100円ショップなどで販売されていますから、それを活用するのも手です。

プラスチックのカバーも、掃除していないとヘドロのようなものがこびりついて、触るのもイヤになってしまうかもしれませんが、毎日洗っていれば、大したぬめりもつきません。

1週間に1回程度、排水溝の中に洗浄タブレットを入れると、このプラスチックのカバーも一緒に除菌されてきれいになります。

次はバスルーム。

湿気が溜まるとカビも邪気も発生しやすいので、風通しを良くしましょう。お風呂から上がるときに、さっとブラシやスポンジで床や壁、そして排水溝をきれいに洗うことを習慣にするといいと思います。

バスルームの排水溝もキッチンの排水溝同様、洗わずに放置していると、ヌルヌルになってしまいます。

でも入るたびに洗っていれば、きれいなもんです。手間もかからず、あっという間に終わります。このバスルームの排水溝にも、ストッキングネットがかぶせられますから、髪の毛などもそれで一気にさらえます。

最近はバスタブを洗わずにスプレーをかけるだけで、湯垢が分解されて洗い流せるような洗剤もありますので、便利なものはどんどん活用しましょう。

それからバスルームの鏡やステンレス製のカラン部分。ここがピカピカになっていると、その光が邪気を跳ね返してくれます。

ですからウロコ状の水垢が固まってしまう前に、乾いた布などで、風呂上りにサッと拭いてしまえばいいのです。これはほぼ30秒で終わります。でも、その効果たるや、恐るべしです。

ここまで聞いて、面倒くさい気がしたそこのあなた。

意外や意外、毎回やっていれば5分ほどで終わります。

汚れを溜めるだけ溜めて、まとめて掃除しようとするから大変なんですよ。毎回やっていれば、まったくもってどうってことありません。

少しでも効率をアップしたいなら、お風呂の入り口に、100円ショップで売っている小さなゴミ箱を設置して、それにナイロンの袋をかけ、そこにすぐに髪の毛などのゴミを捨てられるようにしておくこと。そして、鏡やカランなどの金属部分をからぶきする雑巾もすぐに取り出せるように置いておくといいと思います。

さらに洗顔をする洗面台。

ここも同じです。毎回洗顔したら、スポンジで水洗いする。洗剤を使わなくても、すぐに洗えばきれいに汚れが取れてしまいます。

さらに、できるなら、シンクや鏡についた水滴も乾拭きしておくこと。

常に洗面台がピカピカなら、やはり邪気を寄せ付けません。逆にピカピカ状態が放つ高い周波数で満ちてきますから、そんな場所で洗顔するなら、お肌もきれいになってきて、美人度までアップします。

お肌の手入れももちろん大事ですが、そのお顔のケアをする場所が真っ黒だったり、薄汚れていたりしたら、衛生的によくないだけでなく、その場所の低い周波数に体も同調しますから､本来の健康な美しさも引き出されにくくなってしまいます。

ですから洗面台をきれいにすることって大事なんですよ。

最後にトイレ。

トイレも毎朝用を足すついでに便器を掃除してしまえば、大した手間もかかりません。最近は、トイレの床や壁、天井などの掃除専用のミニワイパーなるものが売られています。このミニワイパーにトイレ専用のお掃除シートをつければ、床を拭くときに腰をかがめることなく、ラクに掃除できます。

あるとき、テレビを見ていたら凶悪犯の家に共通していることがあると、元刑事が語っていました。それはトイレがとんでもなく汚いということ。

トイレが汚いということは、やっぱり邪気を寄せ集め、果ては凶悪犯罪にもつながってしまうこともある。恐ろしいですね。

逆に言うとトイレ掃除の邪気祓い効果は絶大だともいえます。

水回りがきれいだと、健康運、さらには美人度アップだけなく、全体的な開運にまでつながりますから、騙されたと思ってやってみてください。

鏡や金属部分をピカピカにする

先ほどの水回りの話でも、お風呂の鏡やステンレス製のカラン部分をピカピカにするといいという話をしましたよね。

ピカピカ光を放つものは、邪気を祓う力を持っていますから、家の中の鏡や金属部分はピカピカに磨くに限るということ。

バスルームだけでなく、キッチンの蛇口やステンレス部分、ドアについている金属製のノブ、金属製の電気の笠など、ピカピカにできるところはいろいろあります。

お金に困っている人の家に行くと、たいていい、金属部分がくもっているか、汚いんですよね。

このくもりや汚れというものが邪気を発するので、どうしても貧乏神も寄って来ちゃうんですよ。だから、お金もなかなか寄り付かないし、貯まりにくくなるのかもしれません。

鏡や金属部分だけではありません。

もう1つ、ピカピカにするといいのは、窓なんですよ。

前の項目でもお伝えしましたが、窓ガラスがきれいだと、太陽の光が燦燦《さんさん》と入るようになりますから、光による邪気祓いもできますよね。

それにガラスは光を反射しますから、それがまた邪気祓いにもつながるわけです。だから窓をきれいに磨くということは、ダブルで邪気祓い効果があります。

鏡もカランも、使ったときについでに磨けば30秒もかかりません。

窓ガラスも1回きれいに拭いてしまえば、大雨でも降らない限り、それほどくもりませんし、その後の掃除も大して時間もかかりません。

それに窓がきれいになると、清々しい気分になります。あの気分のよさといったらちょっとないです。みなさんもその経験がおありですよね。

つまりね、義務感でやるというよりも、**自分自身が気分よく過ごしたいからやる**というスタンスでやると、すべて楽しくできるようになります。

鈴やティンシャを鳴らす

私の家には、宇宙とつながる祈りを捧げる祭壇のようなものがあります。

そこにはクリスタルを並べ、ティンシャというきれいな音が出る小さなシンバルみたいなものを置いて、お香を焚いています。

そして、祈りの最後にそのティンシャを鳴らしています。

金属製のものなどは、ピカピカに磨くと、その輝きが邪気を祓ってくれると、前の項目でお伝えしましたよね。

ですからそのティンシャも毎日布で乾拭きして、ピカピカにしています。

それがね、くもっているときと、ピカピカに磨いたときでは、音の透明度が全然違うんですよ。

ピカピカにしたティンシャを鳴らすと、とても澄んだきれいな音が部屋中に鳴り響きます。この澄んだきれいな音が、邪気を祓ってくれるんですよ。

私が好きな神社の1つに相模國一之宮の寒川神社（神奈川県）があるのですが、そこでは五十鈴というとても美しい響きを持つ御神鈴《ごしんれい》が売られています。

ご祈祷をしてもらうとき、宮司さんが長さ3メートルくらいある巨大な御神鈴を鳴らすのですが、あまりにいい音がするので、そのミニチュアの御神鈴を買ってきて、毎日鳴らしています。

この御神鈴もめちゃくちゃ邪気を祓ってくれます。

実を言うと、その効能は邪気祓いだけじゃないんですよ。

この澄み切った美しい音を聞くと、私自身の心が同調し浄化され、**自分の中心**に戻れます。

ティンシャや御神鈴に限らず、きれいな音の出る音叉やクリスタルボウルなどにも同じような効果があると思います。

ですから、ご自身でこの音を聞くと心地よく感じるというものを何か1つ取り入れて、毎日鳴らすのもいいと思いますよ。

シャン
リャ〜ン
シャン
シャン
リャ〜ン
これだけ鳴らしまくれば邪気は寄ってこないよね
シャン
シャン
シャン
リャ〜ン
うるさくて福の神が逃げようとしてる…
ええい こうなったら鈴の紐を切る攻撃だ!
スパッ
スパパッ
紐が切れるなんて不吉じゃない!?
御神鈴だって雑な鳴らし方をしたら逆効果なんだよ

御神鈴は、心を込めて
きれいに鳴らしましょう。
邪気祓いは適切に。

ジャッキージョーカーの格言

ゾッとする　場所には行かない
近づかない

出したもの　元に戻しただけで
開運し

太陽と　風が入れば　邪気寄りつかず

水回り　きれいな家には　福の神

ピカピカの　光に邪気は　跳ね返され

鈴の音に　邪気はたまらず
逃げて行く

第 6 章

他者から来る邪気祓い

光のシールドをする

人から飛んで来る念やメディアが発する邪気は、宇宙とつながって光のシールドで祓うことができます。

光のシールドにもいろいろなものがあります。

スピリチュアルなセミナーや、ヒーラー養成コースなどに参加すると、光によるシールド方法を教えてくれたりもしますよね。もしかしたら、すでにあなたなりのオーラシールドをしているかもしれません。それもぜひご活用ください。

ただ実は、私たちが宇宙とのつながりを取り戻し始めてから、このシールドもさらにバージョンアップしているのです。

それはシールドにどういう機能を持たせるか、決められるということです。

あなたが宇宙とのつながりをある程度取り戻している状態だったら、宇宙にこのような機能を持つシールドをしたいと、その意図を放てば、宇宙から「ではこの色の光のシールドを使いなさい」という情報が降りてきます。

実際に私が体験したことをご紹介しますね。

私は東日本大震災の頃、どの情報ソースにアクセスしても、悲惨な被害の情報ばかりで、悲しくて気持ちが深く沈みこんでしまったことがあります。

自分の気持ちが沈んでしまうと、悲しみの周波数が放たれてしまいます。そうなると、それが伝わってしまい、周囲の人も、ひいては被災者の人たちの気持ちまでさらに沈んでしまう……。できれば、被災者が少しでも明るい気持ちになれるように愛と光を送りたい。どうしたらよいのだろう……。

そんなとき宇宙に、「この悲しみに飲まれずに、自分の意識の向きを愛と光にフォーカスさせるシールドはできないか」と相談しました。

すると、宇宙はプラチナ色の光でシールドすればいいと教えてくれました。

目を閉じると、それがどんな色なのか、パッと浮かんできました。

それで、いつも瞑想しているときにやっているシールドに加えて、そのプラチナ色のシールドをしてみました。

プラチナ色のシールドは、とても心地よい光で、その光に包まれているだけで安心するのです。同時に、悲しみに飲まれずに、愛と光に意識をフォーカスできるようになりました。この経験を経て、シールドにこちらの意図する機能を持たせることができるということがわかりました。

それ以降、こういう機能を持たせたいと宇宙に伝えると、その機能にふさわしい光の色を教えてもらえるようになり、本当に守られ、助けられました。

この後に私が受け取った代表的な邪気祓いの光をご紹介しますが、あなた自身でも宇宙とつながって、必要な光の色を教えてもらったほうがさらにいいと思います。

シールドのための光の色を宇宙に教えてもらうには、宇宙とのつながりをよくする必要があります。

なので、最初に、どうすれば宇宙とのつながりをよくすることができるのかということについて、お伝えしますね。

宇宙とのつながりをよくする方法

基本的に私たちは、そもそも宇宙とひとつであり、そのつながりが断たれたことなど一度もありません。

私たちがこうして生きているのは、宇宙とつながっているからです。もしも肉体を離れるときがやってきたとしても、そのつながりが断たれることはありません。

私たちと宇宙はひとつであるということを、大前提として理解してくださいね。

では、どうして宇宙とのつながりがよくない状態が起こるのか?

それは**思考で頭がいっぱいになるから**です。

特に、不安や恐れなどの考えで頭がいっぱいになっていると、それが邪魔をして、宇宙からの情報や叡智が降りてきにくくなってしまうのです。

「降りてきにくくなる」という表現は厳密に言うと違うんですけどね。いつも情報は降りてきているけれど、気づきにくくなるといったほうがいいかもしれません。

どんなに小鳥たちが美しい声で鳴いていても、それをかき消すほどの爆音でロックを聴いていたら、小鳥の声なんて聞こえませんよね。

でも、爆音を止めれば、小鳥の声が聞こえてきます。

それと同じことなんですよ。

つまり、**頭の中の余計なおしゃべりを止めさえすれば、自動的に宇宙とツーカー状態に戻る**と言ってもいいかもしれません。

ということは、1日の中で5分でもいいので、余計なことを考えずにリラックスして、頭をカラッポにする時間を取ればいいのです。

瞑想は要するに思考から離れるための手段なんですよ。ですから、瞑想が得意な方は、それを続ければいいでしょう。

でもそれが難しいという方は、お風呂に入って湯船に浸かってのんびりするのでもいいし、邪気祓いにもなる日向ぼっこをしてリラックスしてもいいです。

どういうやり方であれ、あなたが一番リラックスして、頭をカラッポにできることをすればいいと思います。

私は毎朝窓を開けて、朝日を浴びながら瞑想をしていますが、その時間が最もリラックスし、頭をカラッポにできる時間です。

あまりに気持ちがいいので、毎日やらずにはいられません。

こんなふうに、あなたにとって、それをすることが楽しみになるようなリラックス方法のほうが続けられるし、効果もあると思います。

実は、このリラックスした状態も周波数の高い状態であり、周波数の低いエネルギーである邪気を祓うことにもなるので、一石二鳥なのです。

リラックスして頭がカラッポになったら、宇宙にあなたが聞きたいことを伝えてみてください。

すぐに答えが返ってくることもあるでしょうし、シールドの光の色などであれば、その色がフラッシュすることもあるでしょう。

もしもすぐに答えが返って来なくても、焦らないこと。宇宙を信頼し、あなたが心を開いてリラックスしている限り、必要な情報はちゃんとキャッチできるということを信頼してください。

これまで何十年間も、不安や恐れで頭がいっぱいの生活を送ってきたとしたら、頭をカラッポにすることに慣れるには、少し時間がかかる場合もあります。

でも、1週間でも続けてみてください。続けてみれば、徐々にリラックスして、頭がカラッポの状態の気持ちよさがわかるようになります。そして、無心になるほど、どうすればいいのか直観的に閃《ひらめ》くようになります。

宇宙から降りてくる情報は、実は言語ではありません。

でも私たちは、その情報がどういう内容なのか、言語を介さずに理解できます。

今まで、あなたも何かを直感的に理解したことがあるはずです。

そのとき、いちいち言葉で理解していたでしょうか？

「あっ、そうか！」だったんじゃないですか？　それは右脳的な理解なのです。

そんな超能力者みたいなことが、果たして自分にできるのだろうかと思うかもしれませんが、**あなた自身もすでにその能力を使ってきたのです。**

心配する前にまずはやってみること。あなたなら、きっとできますよ。

宇宙からシールドする光の色を教えてもらう手順

それでは、宇宙からシールドする光の色を教えてもらう手順をお伝えしますね。

1 目を閉じて、背筋を伸ばし、両手両足は組まずに、両足の裏は床に付け、両手の平は上に向けて腿《もも》の上に置きます。

2 深い呼吸を繰り返します。息が入ってきて、出て行く様子に意識を集中します。すると、頭のおしゃべりが自然に止まり、心地よくリラックスしてきます。

3 目を閉じたまま眉間のあたりに軽く視線を集中します。

4 宇宙に向かって、シールドにどんな機能を持たせたいのか伝えます。

5 すると、なんらかの光の色が目の前にフラッシュする場合もあれば、具体的な色の名前が閃いたりします。

6 その色が、あなたが望むシールドの光の色です。

シールドの張り方

それでは次に、その光を自分のオーラフィールドにシールドする手順についてお伝えしていきますね。

シールドする色を教えてもらったら、そのまま手順3に進んでもいいですが、ここでは、毎日シールドをする場合の手順を念のためお伝えします。

1　目を閉じて、背筋を伸ばし、両手両足は組まずに、両足の裏は床に付け、両手の平は上に向けて腿の上に置きます。

2　深い呼吸を繰り返します。息が入ってきて、出て行く様子に意識を集中します。すると頭のおしゃべりが自然に止まり、心地よくリラックスしてきます。

3　頭頂から神聖な白い光が入ってきて、つま先方向に全身を満たしていきます。

そのとき、古いエネルギーが浄化され、代わりに神聖な新しいエネルギーがチャージされると意図します。古いエネルギーは手の平と足の裏から出て行きます。

4 胸の中央の奥にある魂に意識を集中します。そこにゴールドの光が満ち、魂が光り輝くとイメージしてください。

5 大きく息を吸って吐き出しながら、魂から地球の聖なる中心に向かってゴールドの光が降りて突き刺さるイメージをします。これをグラウンディング（聖なる地球と光でつながること）といいます。

6 今度は魂から上方の宇宙の創造の源に向かって同様にゴールドの光が伸びて突き刺さるイメージをします。これをセンタリング（自分の中心線を天と光でつなぐこと）といいます。これであなたは天と地と光でつながり、光の中心軸が完成しました。

7 オーラを前後左右上下均等に60cm幅くらいに整えると意図します。実際に両手を広げて、オーラフィールドを整えてみてもいいです。自分の感覚を信頼して、オーラが縮んでいる感じがするなら外に広げ、広がりすぎているなら、内側に戻すように手で整えてもいいです。

8 オーラを整えたら、オーラの中を神聖な白い光で満たし、浄化します。ここまでがシールドする前の準備です。まず自分自身のオーラフィールドを浄化し、中心軸をしっかりさせて、その上でシールドすることで、そのシールドの効力が最大限発揮されます。

9 オーラの外側に、宇宙から教えてもらったシールドの光を設置すると意図します。すると、天からその光がオーラフィールドの周りに降りてきます。

10 この光が、あなたの意図した通りしっかり効力を発揮するように、「この光によって、〇〇します。そうなりました」とか「このシールドによって、〇〇になります。そうなりました」のように、毎回そのシールドの機能を明確に意図してください。1つだけでなく、いくつか別な色を重ねてシールドすることもできます。それも宇宙と相談しながら、あなたにとってベストなシールドをしてください。

シールドはいつ、どのくらいの頻度ですればいいのか？

シールドは、できれば朝に行うことが望ましいです。起きてすぐでもいいですし、トイレに行ったり、洗顔をしたりして、一段落してからでもいいです。ただ自分が精神的に不調なときは、私の経験では、起きてすぐにやったほうが効果的です。

もしできるならば、朝日を浴びながらやると、朝日の邪気祓いの力も加わるので、さらに強力にシールドできます。全身で朝日を浴びられなくとも、眉間のあたりに朝日が当たっていれば十分です。

眉間には第6チャクラ（体にある7つのエネルギーセンターの1つ）があり、第6チャクラは、その奥にある松果体とつながっています。松果体はあなたの霊的な力を開くポイントなので、そこに朝日を受けると、太陽の光が霊的な能力の活性化を促進してくれるのです。

もっと万全を期したいという場合は、寝る前にもやるともっといいでしょう。
もしそれらのタイミングを逸したとしたら、別にいつやっても問題ありません。
邪気がいっぱいの場所にいると感じた瞬間に、シールドを張り直してもいいです。
シールドの効力は、基本的に朝やったなら、よほどのことがない限りほぼ24時間は持続します。

ただ、第2章でお伝えしたように、1日過ごせばエネルギーの新陳代謝が起こるので、自分のオーラフィールドの中に、古いエネルギーが排せつされます。それが邪気として自分のオーラフィールドの中に溜まります。

ですから、毎日張り直したほうがいいと思います。

慣れてしまえば5分もかからずにできるようになります。手軽にできるのに、シールドしているのとしていないのとでは、明らかに違います。

私も毎日続けるようになってから、何かショックなことや落ち込むようなことがあっても、立ち直りがとても早くなり、基本的に周波数も高め安定化しました。そうなると当然運気も上がるので、毎日やるのが楽しみになっています。

様々な光の色の持つシールドの機能

ここからは、私がこれまでに受け取った代表的な光の色と、その機能についてご紹介していこうと思います。

これはあくまでも私が宇宙から受け取った情報に過ぎません。あなたが自分で宇宙とつながって受け取れば、別な色を提示されるかもしれません。ですから、あくまで参考であり、絶対的なものではないとご理解ください。

前の項目でお伝えしたように、ぜひ自分でも宇宙から直接、あなたにふさわしいシールドの光の色を聞いてみてください。

またこの章でご紹介する光は、基本的に他者の発する邪気から自分を守るためのシールドです。自分が発する邪気を浄化するための光については、次の章で詳しくご紹介します。

発光する神聖な白い光

主な機能――全体的な邪気祓い

基本的にこの光は、浄化力が高く、同時に高い周波数を放つ色です。ですからこの光でシールドすることで、他者から発される主だった邪気は祓われます。

短時間で邪気祓いをしたいときは、この発光する神聖な白い光で、全身全霊を満たし、シールドすると意図するだけでもいいのです。

また、この光は自分の全身やオーラフィールドだけでなく、部屋に満たすと意図すれば、空間の邪気を祓うこともできます。

ただし、部屋がごちゃごちゃしていたり、長いこと掃除をしていない状態だったりすると、祓ってもすぐに邪気が生じてしまいます。

やはり部屋をきれいにすることが一番。その上で、この光で部屋を満たせば、空間の邪気祓いも完璧です。

プラチナ色の光

主な機能――ネガティブ情報の邪気祓い

プラチナ色の光は、テレビやネットを見ているときに流れる悲惨なニュースや映像などの持つ邪気を祓う力を持っています。

また映像やニュースに限らず、人が話す愚痴や悪口などの邪気をも祓います。

基本的にそういう人に付き合う必要はありませんが、どうしてもそういう場に同席しなければいけないときなどは、事前にプラチナ色の光でシールドしていくと、その悪影響を受けずに済みます。

今の時代は、情報があふれ返っています。自分自身でアクセスする情報を取捨選択することが大事ですが、予想外の場面で不意に邪気を放つ情報に触れてしまうこともあります。

そんなときは、瞬時にプラチナ色の光を使ってバリアを張りましょう。

ゴールドの光

主な機能──嫉妬や攻撃などの邪気祓い

オリンピックでも、優勝者に掛けられるメダルの色はゴールドです。ゴールドは、そんな栄光の周波数なのです。

人から嫉妬の邪気が飛んできたり、あなたの自信を失わせるような言葉を投げつけられたりしても、ゴールドの光でシールドしていれば、その邪気を跳ね返すことができます。

ゴールドの光は、自分が価値ある存在であり、そして、無限なる宇宙とひとつの無限なる存在であるという真実からブレないようにしてくれます。

また他者がサイキックな攻撃をしてきても、光の盾となってあなたを守ってくれます。同時に、やったらやり返すといった、戦いのサイクルに引きずり込まれないように守ってくれます。

攻撃してきた相手と同じことをしてしまったら、同レベルの低い周波数に落ちてしまいます。

それがまた邪気を呼び、運気を落としてしまうので、相手にしないほうがいいのです。そういった落とし穴に落ちないようにもしてくれるということですね。

参考までにお伝えすると、本物のゴールド自体にも邪気祓いの力があります。

ゴールドの光でシールドするだけでなく、ゴールドのアクセサリーや小物などを身につけておくと、相乗効果があるのです。

小さくてもいいので、本物のゴールドを身につけると、金メッキよりも断然効果が上がります。

もちろん、ゴールドを身につけていないと、邪気を寄せ付けてしまうというわけではありませんから安心してくださいね。でも、今はその力をしっかり引き出したいと思うときは、ゴールドそのものの力もぜひ活用してください。

紫の光

主な機能――あらゆる悪意の無毒化

紫という色は、最も高貴で、神聖な宇宙の叡智の周波数を発しています。体に7つあるチャクラの中でも最も高い位置である頭頂にある第7チャクラは、紫色を発しています。

つまり、最も天に近く、高い周波数を発するのが紫ということなんですよ。ですから紫の光には、人を害するような、周波数の低いあらゆる悪意を浄化する消毒薬のような作用があります。

誰かがあなたを呪ったり、あなたの不幸を願ったり、憎しみの念を送ったりしても、紫の光でシールドしているなら、そんな念に含まれる毒を無毒化してくれます。

さらに、そもそもそんな人を、あなたの周りに寄せ付けなくする防御作用もあります。

「人を呪わば穴二つ」ということわざがありますが、人にそんな悪意のある念を送ったなら、その周波数と同じ周波数のエネルギーを寄せ集めることになります。そうなったら、人を呪ったつもりが、自分が放った念に自分が呪われるようなことになってしまいます。

だからそんな念を人に送ることは、自分にとっても何もいいことがありません。でも人間ですから、ときとして、誰かを憎んだり、呪ったりしたくなるような気持ちになることもあるかもしれません。

愛は最も周波数が高く、最速で伝わりますが、憎しみや呪いの周波数はとても低い周波数なので、伝わるのが遅いのです。

ですから自分がそんな念を送ってしまったなら、即キャンセルすれば、相手に届く前に消滅します。

この後の項目でお伝えしますが、人からどんな念を送られようと、あなたが愛を送るなら、それが最もあなたの身を守り、開運にもつながる邪気祓いになるのです。

人に愛を送る

人からひどいことをされたら、相手に対して憎しみを抱いてしまうこともあるでしょう。もしもそんな気持ちになったときは、相手に憎しみの念を放つ前に、憎しみを抱いた自分を受け入れ、「あなたの気持ちは誰よりも私がわかっているよ」と抱きしめてあげてください。

どんな自分をも受け入れるということは、愛の行為です。

愛の周波数は最も高い周波数なので、その高い周波数が邪気を跳ね返し、あなたの身を守ってくれます。

ひどいことをする人は、人生がうまくいかずに苦しんでいる人です。人の幸せを素直に喜べないほど、心に余裕がない状態なんですよ。

自分が本来は、無限なる宇宙とひとつの無限なる存在だという宇宙の真理など知る由もない、暗い世界にいるのです。そう思ったら、彼らが宇宙の真理に目覚め、幸せになったらいいと思いませんか？

もしも、あなたにそれだけの心の余裕があるなら、彼らに愛を送ってみてください。さらに、彼らの幸せを祈ってみてください。

前の項目でもお伝えしたように、愛は最も周波数が高いので、最速で伝わります。

そして、もしかすると人生に絶望しているその人の目を開かせ、前向きに人生を生きようとする力を与えるかもしれません。

そんな神様みたいな気持ちになれなかったとしても、それはそれでいいのです。

ただ、**相手の邪気を封じる最高の方法は、愛を送ること**なんだということを、覚えておいてもいいと思います。

この方法は誰も傷つけません。それどころか、それだけのことができるあなたには、その最高の周波数と同様の周波数を持つものが引き付けられ、愛の世界を現実化することになっていくでしょう。

誰も見ていなくても、宇宙は、あなたの愛の尊さを絶対に見逃しません。

許しという邪気祓い

憎いという気持ちを抱いているとき、どんな気分ですか？

とても気分が悪くありませんか？

気分が悪くなると、人生を楽しめなくなってしまいます。

「相手が謝らない限り、自分のこの気分の悪さは続くのだ。だから相手が憎い」

そういう思考回路になり、それがグルグル回って、自分を苦しめます。

人に憎しみを抱くということは、実をいうと、自分自身を一番傷つけます。

よくよく考えてみてください。そんな憎しみを握りしめるのをやめれば、あなたはラクになれるのです。

その人のやったことは、いつかその本人に返ってきます。それは人間業など超えた宇宙が、厳正にやってくれます。

ですから、宇宙に任せてしまえばいいのです。

そして、自分をそんな苦しみに縛り付けることをやめて、この人も不幸な人なのだと、愛をもって許してしまえばいいのです。

許せば、相手の憎しみの念は、その途端に無力化します。許しの周波数の高さにはとてもかないませんから。

憎しみを抱くことにエネルギーを使うよりも、**あなたの人生をいかに最高の人生に創造していくか**にエネルギーを使いましょう。

そういうことを頭でわかっていても、どうしても憎しみがフラッシュバックしてしまう。そんなときは、無理に愛を送ろうとしなくてもいいです。

枕とか、クッションに気が済むまでパンチをしたり、バスタオルを口に当てて、思い切り悪口雑言を叫んだりして、怒りや憎しみを発散してください。

おなかの中に溜め込んでしまうと、苦しくなるので、そうやって発散してしまえば、だんだん落ち着いてきます。

そして、そんな自分を許してあげてください。

「あなたが許せない気持ちになるのももっともだよ」

「あなたの気持ちは私自身が一番よくわかっているよ」

「無理しなくていいよ」

そんなふうに、あるがままの自分を受け入れ、許すことも愛なのです。

許して許して、愛して愛して、自分を愛でいっぱいに満たしてしまえば、相手のことも、やがて許せるようになるでしょう。

焦らなくてもいい。

ゆっくりでいい。

自分を癒しながらでいい。

あなたが許しの力を使えるようになることを祈っています。

許しってなんて尊い力なんでしょう
部屋が片付かない私を許します 愚痴や悪口が大好きな私を許します
なんだかんだ全部許しま〜す
本物の許しとはちょっと違うんだけどなあ
まあでも今日のところは愛で満たすマゼンタ色の光で包んでやるとするか

自分に都合のいい許しは
ほどほどに。
邪気祓いは適切に。

ジャッキージョーカーの格言

忘れない　宇宙とひとつで　あることを
光でシールドその前に
まずは頭をカラッポに
万能の　白い光で　邪気祓い
嫉妬の念　ゴールドの光で　跳ね返す
紫は　どんな悪意の　毒も抜く
愛と許しこそ
最強の邪気祓いだと心得よ

第 7 章

自分が出す邪気祓い

自己受容が邪気を祓う

第4章で、自分がネガティブ思考に陥ると、邪気を発するとお伝えしましたよね。

要するに、悲観的に物事をとらえ、不安に引きずり込まれて抜け出せなくなったり、怒りや憎しみ、嫉妬などにとらわれていたり、自分なんてダメだと自己否定していたりするときに、邪気を発してしまうわけです。

何度も言いますが、それがいけないということではありませんよ。

誰だってそんな気持ちになってしまうこともあります。

そんな自分に対して、「ダメじゃないか」と裁いてしまうと、ますますつらい気持ちになり、抜け出せなくなってしまいます。

ですから、まずは一旦、そんな自分を受け入れることです。

その気持ちを受け止めるなら、あなたの自己愛が邪気を祓うという話もしましたよね。大事な話なので繰り返しました。

この自己受容がものすごく大事なんですよ。

しんどい気持ちを受け止めるだけではなく、**一生懸命やっている自分を認めることも自己受容です。**

自分では、こんなのやって当たり前って思っているかもしれませんが、いやいや決して当たり前じゃないです。

毎日会社に行って仕事をすることも、家に帰って家族のご飯を作ることも、洗濯物を干してから出社することも、すごいことですよ。

あなたは本当によくやっているのです。

たとえ自分にとっては当たり前のことだったとしても、そんな自分に「よくやってるね」と声をかけてあげてみてください。

なんだか心がほっこりして、うれしくなってきます。

毎朝洗顔した後、鏡を見たら、

「今日もかわいいよ」

「笑顔がいいね」

なんでもいいです。自分をほめてみてください。

私がやっているオンラインサロン「宇宙におまかせランド」では、実際にそれをやってみて、自分の顔にどんな変化があったか実験をしたことがあります。

そしたら、肌の色つやがよくなった人、表情が明るくなった人、実は美人だったと気づいた人がたくさんいました。

それだけ愛の言葉がけに効果があったということです。そうやっていつもゴキゲンでいることが、邪気祓いになるのです。

それだけではありません。**基本的にゴキゲンなら、あなたは邪気ではなく、福の氣を発するようになり、福が寄ってくることになります。**

そうなったら当然、幸運に恵まれ、人生だってうまくいくようになりますよね。

ですから、どんなときも自分の気持ちに寄り添い、どんな自分も認め、一生懸命ほめて、自分のことを愛して愛して愛し抜いてください。

そうすれば、ますます愛にあふれた世界が現実化していきますよ。

楽しいことをする

前の項目で、ゴキゲンでいるだけで、邪気祓いになるという話をしましたよね。そうです！　ぜひぜひゴキゲンでいられるように、毎日楽しいことをしましょう。

私が以前出した『365日の宇宙ワーク大全』という本があります。毎日1つずつカンタンなワークを続けるうちに宇宙とツーカーになっていくという本なのですが、その本に準拠した「THE 365 perfect notebook」というノートがあります。そのノートには毎日自分のためにどんな楽しいことをするか記入できるようになっています。

「どんな楽しいことを自分のためにしてあげようか？」

そう考えるだけで、すでにゴキゲンになってくるのです。それだけでその日1日のテンションが違ってきます。

仕事でちょっと大変なことがあっても、その楽しみが待っていると思うと、気持ちも前向きでいられます。

このちょっとした楽しいことを自分のためにしてあげる習慣を持つと、福の氣を発することが常態化してきます。

こんなふうにゴキゲンだったり、楽しかったり、くつろいでいたり、満ち足りた気分でいたりすると、宇宙の高い周波数と同調する状態になります。

私たちはそもそも無限なる宇宙とひとつの、無限なる存在ですよね。

宇宙の周波数と同調しているときは、宇宙の無限の豊かさの扉が開き、あなたに向かって幸運や豊かさ、シンクロやミラクルなど、あらゆる素晴らしいことが雪崩込む状態になります。

つまり、宇宙の周波数と同調する状態であるなら、邪気を発しないし、寄せ付けないし、逆にどんどん幸せになっていくということなんですよ。

そんな基礎を作るためにも、自分のために毎日何か1つ、楽しいことをしてあげてください。

宇宙とつながる時間を持つ

前の項目で、宇宙の周波数と同調する状態なら、邪気を発しないし、寄せ付けないという話をしましたよね。

もちろんゴキゲンでいることも、宇宙の周波数と同調しやすい状態なのですが、できるなら、宇宙とつながる時間を持つと、さらにいいんですよ。

第6章で、邪気を祓うシールドをするために、どんな光を使えばいいか、宇宙に聞くときには、宇宙とつながる状態を作るといいとお伝えしましたよね。

これがね、シールドの光の色を尋ねるときだけでなく、あなたの基本的な周波数を宇宙と同調させることにもつながるのです。

ですから、第6章でお伝えしたように、リラックスして、頭をカラッポにする時間をぜひ、1日の中で最低でも5分は持つようにしてみてください。

最初は頭をカラッポにすることに慣れないかもしれません。

何か雑念が浮かんできたら、そのままその考えに引きずり込まれずに、「そういう考えが浮かんでいる」と、少し距離を置いて観察するようにしてみてください。

そうすれば雑念は自然に消えていきます。そして、気づいたら深いリラックス状態になり、宇宙とバッチリつながっています。

やり続けるうちに、だんだんわかってくると思いますが、宇宙とひとつに戻っているこの状態は、とてつもない心地よさなんですよ。

楽しいことをやってゴキゲンなとき以上に、幸福感に満たされ、身も心も癒され、パワーもチャージされ、しかも必要な場合は、宇宙の叡智まで降りてきます。

こんなに気分のよい最高の時間は他にはないということがわかってくると、どんなことよりも優先してやりたくなってきます。

最初は1日5分が精いっぱいだったのに、気づいたら10分も20分も、いやいやもっとやりたくなって来ます。そうなったら、気が済むまでやってください。

そんなあなたはますます開運していきますよ。

朝日を浴びる

他の章でも朝日のパワーについて触れていますが、本当に朝日には素晴らしい邪気祓いの力があります。

一晩寝ると、寝ている間にエネルギーの新陳代謝があり、目には見えませんが、排せつされた古いエネルギーが体にまとわりついています。

そんな体から出る邪気も、朝日を浴びることで、きれいに祓われます。

太陽の光自体に邪気祓いの力があるのですが、朝日はその中でも最強なのです。

その日、生まれたての太陽の光には、昨日までどんなことがあったとしても、今日という日はまったく新しい日だと認識させるリセット力があるのです。

人間には体内時計というものがあり、昼間は活動し、夜は休息を取れるように、自動的にモードを切り替えています。

朝日を浴びると、松果体にあるその切り替えスイッチがオンになり、「さあ、今日も張り切っていこう」という活動モードに切り替わります。

そして、邪気が祓われるだけでなく、素晴らしい1日のスタートが切れるのです。

一番いいのは日の出を見ることなのですが、自分の家からは、地平線や水平線から昇る朝日は見えないという方もいらっしゃるでしょう。

その場合は、必ずしも昇ってくる瞬間を見られなくてもいいです。日の出から2時間くらいの間の光であれば十分ですので、ちょっとでも朝日の射し込む部屋に行って、朝日を浴びてください。

そのとき、朝日を窓ガラス越しに見るのではなく、できれば直接浴びてください。やはりダイレクトな太陽の光のほうが段違いにパワフルだからです。

前の章でもお伝えしましたが、全身に浴びられなくとも、眉間のあたりに直接太陽の光を浴びるだけでもいいです。

もちろん、昼間の太陽の光にも邪気祓いの力がありますので、昼休みなどに公園に行ったりして、短時間でもいいので日光浴すると尚いいと思います。

お風呂に入る

寝ている間も、エネルギーの新陳代謝がありますし、イヤな夢を見たりすると、それだけで体から邪気が出ます。

まして、仕事や家事をしたり、いろいろな人と触れ合ったりする昼間には、夜以上に邪気に触れることも、邪気を発することも多いのです。

そんな邪気を祓うためには、やはり入浴するのが一番。

お風呂に入るなら、湯舟に天然塩でできたバスソルトを入れましょう。天然塩自体に邪気祓いの力がある上に、血行をよくしてくれますから、肉体的な疲れや不調を取り除き、新陳代謝も促進して、湯冷めしにくくしてくれます。

つまり、天然塩の入ったお風呂に入ると、邪気祓い、健康促進、美肌効果、保温効果の4つものいいことがあるんですよ。

最近のバスソルトは、天然塩に天然アロマオイルを染み込ませたものがたくさんあり、アロマによるプラスアルファの効果も期待できます。お持ちのエッセンシャルオイルを、天然塩と一緒に数滴たらすだけでも同じ効果があります。エッセンシャルオイルなど香りによる邪気祓いは第10章で詳しくお伝えします。

今は、あちこちで天然のエッセンシャルオイルが売られていますよね。体はあなたに何が一番必要なのか、ちゃんとわかっています。だから、あなたが「いい香り」と感じる香りが、そのときのあなたに必要な香りなのです。オイルを選ぶときは、そんな**自分の感覚を信頼して**ください。

入浴剤だけでなく、シャンプーやリンス、ボディソープなども、できれば天然香料を使ったもののほうがいいでしょう。

ちょっと値段が張るかもしれませんが、天然香料にはそれだけの価値がありますし、第一に使っていて明らかに周波数が上がります。

バスタイムは最高の邪気祓いであり、美容や美肌にもつながる大事な時間。そういうものにこそ、お金を使うべきだと思います。

デジタルデトックスをする

どこに行くにもスマホを持ち歩き、家に帰ってテレビを見ているときも傍らにスマホを置き、何か気になることがあったらすぐにスマホで検索する……。

それが習慣のようになっていませんか？

ネットやマスコミの情報には心温まるものもありますが、ゴシップや興味本位の情報、やたらと人を不安にする情報など、わざわざアクセスする必要もないような情報もたくさんあります。

そんな雑多な情報が邪気となり、それがあなたの心身にまとわりついてしまうこともあります。

ですから、定期的に**デジタルデトックス**をすることをおススメします。

テレビもラジオもオフ。スマホやパソコンからも離れ、ひたすら自然の中でのんびりしたり、温泉に入ったりしてくつろぐ。

それによって、雑多な情報によってまとわりついた邪気が祓われていきます。

それだけではありません。

デジタルデトックスをすると、リラックスして頭も空っぽになりやすいので、宇宙とのつながりも取り戻されます。それがあなたの周波数を上げ、宇宙の恩恵を受け取りやすくするということも、すでにお伝えしましたよね。

本当は1年のうち3日以上、できれば、1週間ほどそういう期間を設けたほうがいいでしょう。そこにファスティングも加えると、心身ともきれいに浄化されます。

そのくらい私たちにはいわばデジタルな邪気が溜まっているのです。

また1日の中でも、夜寝る前にはなるべくスマホをいじるのをやめたほうがいいです。スマホ画面から出るブルーライトが、睡眠障害を招く恐れもあります。

また、寝ている間は基本的にスマホの電源を切ったほうが睡眠の質が上がります。

試しに1回やってみてください。

そうすればデジタルデトックスの素晴らしい効果に驚くでしょう。

自分から出る邪気を祓う光を活用する

第6章で、光でシールドすることで、他者が発する邪気を祓うことができるということをご紹介しましたよね。

実は、自分が出す邪気を浄化したり、祓ったりする光もあるのです。

自分が放つ邪気には、怒り、憎しみ、悲しみ、孤独感、混乱、劣等感、罪悪感などいろいろあります。

自分がこれらの邪気の中で、特にどういうものにとらわれやすいのかわかっているなら、その邪気を祓う光はどういう色なのか、宇宙に聞いてみてください。

そうすれば宇宙が、あなたにふさわしい光の色を教えてくれるでしょう。

これからご紹介する光の色は、私がこれまで宇宙から教えてもらった色です。

絶対的なものではありませんので、あくまで参考としてお読みください。

パステルグリーンの光

主な機能――体や心の癒し

スピリチュアルなことに詳しい人なら、グリーンが**癒しの色**だということは、よくご存じのことと思います。

このグリーンにも様々なバリエーションがあり、ちょっとずつ機能が違います。

ここでは、特に体や心の癒しに効くパステルグリーンをご紹介します。

パステルグリーンは、濃くて鮮やかな緑色ではなく、淡くて少し白みがかった柔らかい緑色です。

キャベツや白菜の表面の緑色みたいな感じでしょうか。

このパステルグリーンは、強い刺激という邪気を祓ってくれます。つまり、柔らかくあなたの身も心を癒し、守ってくれます。

心や体が疲れ気味のときや、睡眠の質を上げたいとき、ショックな出来事があって悲しみに打ちひしがれているときなどに効果があります。

このパステルグリーンは、シールドに使うだけでなく、体の中の調子のよくない箇所に、直に浸透させて使うこともできます。

おなかが痛ければ、おなかの中にこのパステルグリーンが浸透し、癒してくれると意図し、そういうイメージをすれば、本当に癒してくれたりもします。

ただあくまでも初期的な不調を癒すものなので、本当に体調が悪いときは、光に頼らず、病院に行くなどして、必要な医療サービスを受けてくださいね。

でも、どういう機能を持たせるかはあなたの自由なので、もっと別な光を使えばひどい不調も治せるのかもしれません。

そのあたりは、ご自身で宇宙と相談してみてください。

ペールピンク

主な機能――自己受容　自己愛　愛の喚起

ペールピンクは、クリスタルでいうなら、ローズクオーツの色です。少し白が混じったイチゴミルク色といったところでしょうか。

ピンクという色自体が愛の周波数を発していますが、そのピンクに白が混じって淡い感じになることで、**やさしさの周波数**が増します。心が傷ついて、痛みを感じているときでも、この光はやさしく浸透していきます。

ペールピンクでシールドすると、自分は愛される価値がないという低い周波数の邪気を祓ってくれます。そしてその人自身が本来持っている魅力を引き出し、輝かせます。

寂しくてたまらないとき、自分は愛される価値がないと悲しみに暮れているとき、愛する人を失ったとき、このペールピンクの光が力になってくれます。

ペールピンクも、先ほどのパステルグリーン同様に、体に浸透させることもできます。全身に満たしてもいいし、胸が痛むようなときは胸に集中的に満たしてもいいでしょう。シールドするだけでなく、オーラフィールド全体に満たして使うこともできます。

また、自分だけでなく、悲しみに包まれている人を癒すこともできます。ですから、あなたの身近な人が傷ついているときや、家族を失って寂しさに暮れているときなどは、そっとこのペールピンクの光で包むイメージをするといいと思います。

人を光で包むなんて、自分にできるのだろうかと思うかもしれませんね。これが、できるものなんですよ。あなたが心から相手のことを思っているなら、その愛という最高の周波数がしっかり伝わり、自分以外の人をも光で包むこともできるんです。ですから誰かをやさしく癒し、愛で包みたいと思ったときは、ためらわずにこの光を使ってください。

紫の光

主な機能――宇宙とつながる力を取り戻す、雑念を祓う

紫の光は、第6章でご紹介した、**あらゆる悪意の無毒化**ができるだけではありません。**宇宙とつながる力を取り戻す力**もあるのです。

紫色は、最も高貴な周波数で、低い周波数である雑念を祓う力を持っています。ですから、紫でシールドするなら、雑念が払われ、集中しやすくなります。

さらには集中することで、宇宙の叡智が降りてきやすくもなります。

ですから、雑念を祓って仕事に集中したいときはもちろん、どうすればいいのかわからなくなってしまったときや、何が真実なのか見極めたいとき、深く内観したいとき、気づきを促進するためのメッセージが欲しいとき、さらには、常時宇宙の叡智が流れ込む状態にしておきたいときなどに、この紫の光でシールドするといいと思います。

シールドするだけでなく、自分のオーラフィールド全体を満たしたり、全身に浸透させたりしてもいいでしょう。

また、眉間の奥にある松果体に集中的に浸透させると、サイキックの感度が上がり、宇宙からのメッセージが映像としても受け取りやすくなります。

もちろん空間を浄化する力もあるので、ヒーリングなどをした後に、空間を紫の光で満たせば、解放などで放出された邪気を浄化することもできます。

さらに、他の光の色と混ぜて使うことも可能です。

ゴールドと混ぜると、さらに効果がアップし、周波数も上がります。どんな色を混ぜるといいのかも、あなた自身でぜひ宇宙に聞いてみてください。きっと他のバリエーションも教えてくれると思います。

紫の光には、様々な機能があり、この本で紹介した機能だけでなく、もっと他の機能もあると思います。それもぜひご自身で宇宙に聞いてみてください。

アイスブルーの光

主な機能――鎮静、正気を取り戻す

人生には、なんでこんな目に遭うんだろうと混乱するような出来事もあるでしょう。あるいは、家族に何かあったり、災害が起こったりして、動揺してしまうこともあると思います。

自分が混乱して、正気を失っていると感じているときは、アイスブルーの光が効果的です。

アイスブルーとは、北極などの氷河の影になっている部分で見られる淡いブルーの色です。氷の色でもあるので、浮足立って、熱を帯びたようになっている心を、**クールダウンしてくれる**のです。

外の情報によって正気を失いそうになっているときは、シールドとして使えば、情報に振り回されなくもなります。

それから人前で話すときなど、緊張してドキドキしているときも、平常心を取り戻させてくれます。

この場合は、シールドとして使うだけでなく。オーラフィールド全体に満たしたり、全身に浸透させたりしてもいいと思います。

さらには、**痛みの鎮静化**にも使えます。体の中の痛みのある個所に流すと、痛みが和らいできます。

頭痛がするときは、頭に満たせばスッキリしてきますし、心が傷ついて痛みを感じているときは、ハートに満たせば落ち着きを取り戻し、穏やかになります。

アイスブルーも自分だけでなく、他者にも使えます。体や心に痛みを抱え、動揺している人をアイスブルーの光で包めば、その人が落ち着きを取り戻しやすくもなります。様々な場面でぜひ活用してみてください。

マゼンタの光

無条件の愛、許し

マゼンタとは、少し紫がかった濃いピンク色です。

このピンク色は全体的に愛の周波数を発していますが、このピンクに紫が少し混じると、最も高貴なピンクとなり、**無条件の愛の周波数を発する**のです。

無条件の愛とは、文字通り、いかなる条件も付けない愛ということです。これをしてくれたら愛してあげてもいいよといった、交換条件のような損得勘定が一切ない愛です。

それはまさに神の愛そのものです。

自分のことがどうしようもなくイヤになったときや、人のことがどうしても許せないときなど、マゼンタの光で自分を包んでください。それによって自己否定という邪気が祓われます。

人を許せないという憎しみや怒りも、無条件の愛の光に溶けてしまいます。

また、寂しくてしかたないときも、マゼンタの光で自分を包めば、神の愛に包まれた気分になり、どんなときも宇宙があなたを愛しているということを思い出せるようになるでしょう。

マゼンタの光も他者に使うことができます。

気分が落ち込んでいる人や、自信を失っている人、失恋した人などをマゼンタの光で包むと、愛による癒しが起こります。

大きな災害で大地が荒れ果てているときも、その大地をマゼンタの光で包むことで、大地が癒されます。

もちろん、そんなマゼンタの光の効果を上げるには、あなた自身が愛で満たされていることが何よりも大事です。

ですから人や土地をマゼンタの光で包む前に、ありのままの自分を受け入れ、自分を愛で満たしてくださいね。

これであなたもいいことづくめ！ 邪気祓い1日のルーティン

朝のルーティン

・目が覚めたら「私はありのままで完全です」「必要なものはすべて持っています」「私は無限なる宇宙とひとつです」とアファメーション。

・ミネラルウォーターの白湯を飲む。

・トイレに行ったついでに軽くトイレ掃除。

・窓を開けて空気を入れ替える。

- 朝日を浴びながら、無になる（5分程度でもOK）。
- 必要なオーラフィールドのシールドをする。
- 軽く掃除。
- 洗顔ついでに
洗面台と鏡を拭く。
- セイクリッドスペースで
ティンシャを鳴らし、お香を焚く。
- ショウガをのせたお豆腐と
1粒の梅干しを添えた朝食。
- （平日）今日の自分を応援してくれる
クリスタルをバッグに入れて
気持ちのいい明るい道を通って出勤。

昼のルーティン

・（休日）洗濯をし太陽に当てて乾かす。

・仕事や家事中はそのとき必要なアロマの香りをかぎ、集中力アップ。

・（休日）見晴らしのいい展望台までドライブしたり太陽の光を浴びながらお散歩など。

・ランチには外に出て太陽を浴び体が望んでいるものを食べる。

夜のルーティン

・（平日）仕事帰り、1日よくやった自分をねぎらう。
（好きなカフェやマッサージに行くなどなんでもＯＫ）

・夜、天然塩とそのときの気分で選んだ
エッセンシャルオイルを入れた
お風呂に入り、身も心もリラックス。
・お風呂ついでに軽くバスルームを掃除。
・いい香りに包まれて、ゆったりスキンケア。
・夕食では体が望むものをおいしくいただき
食事の時間を楽しむ。
・部屋を軽く片付ける（1日1か所でもOK）。
・今日の幸せと
明日の楽しみを決めて手帳に書く。
・宇宙に感謝して、アロマウッドの上に
好きなエッセンシャルオイルを数滴垂らし、就寝。

※これらを全てやらなくてもOKです。できることから続けてみましょう！

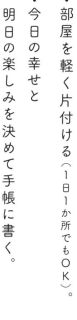

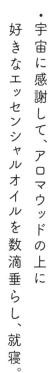

ジャッキージョーカーの格言

いつだって　自分をほめて認めて　邪気祓い

楽しんでる　そんなあなたに　邪気寄り付かず

無心なら　バッチリ宇宙と　ツーカーだ

朝日浴び　夜入浴で　1日分の邪気祓い

心身の　癒しに効くよ　パステルグリーン

自己受容　促進するのは　ペールピンク

紫の　光で叡智　降りてくる

冷静に　なりたいときの　アイスブルー

神の愛　包まれたいなら　マゼンタを

第3部

邪気祓いができる場所・ツール

第 8 章

邪気を祓える場所

日向

これまで、太陽の光には強い邪気祓いの力があるというお話を何度もしてきました。太陽の光がいっぱいに射し込む場所は、当然邪気が寄り付きません。

ということは、**日向は邪気祓いができる場所**ということです。

真夏は、日向にずっといると熱中症になる恐れもあるので、長時間いることは避けたほうがいいでしょう。だとしても、1日5〜10分でも日向にいると、それだけであなたの体やエネルギーフィールドにまとわりついた邪気が祓われますから、日向の効用は馬鹿になりません。

たとえばお昼休みにオフィスビルの屋上や、近くの公園に行ったり、ランチに出かけるときに、日向の道を選んで歩いたりするだけでも全然違います。

真冬なら、日向ぼっこをすれば体を温められますし、邪気祓いもできますから、一挙両得です。

太陽の光を浴びると、体内にビタミンDが作られ、それが免疫力を高めますし、骨も丈夫にしてくれます。女性は特に、年齢を重ねると骨粗しょう症になる恐れも出て来るので、その予防という点でも日光浴は大事です。

家の外だけでなく、家の中においても日当たりのいい場所は、邪気祓いができる場所です。あなたのおうちの中で、一番日当たりのいい場所はどこですか？

その場所をあなたのリラックス&邪気祓いスペースにするのです。

小さなテーブルや椅子を置いて、まるでカフェのようにしつらえて、お休みの日は、そこでゆっくりお茶を飲んだり、日向ぼっこしたりしましょう。

リラックスして頭を空っぽにすることは、宇宙とのつながりを取り戻すためにもいいですし、その状態自体が邪気祓いにもなります。

パワースポットというと、特別な場所にあるイメージを持つかもしれませんが、実は家の中にもあるのです。わざわざ遠くまで出かけなくても、家の中にそんなスペースがあれば、日常的にパワーチャージができてとてもいいですよ。

澄んだ海

列車に乗って旅をしているとき、窓の外に真っ青な海が広がる景色に出くわすと、それだけで気持ちが晴れやかになりませんか？

海には気持ちを大らかにし、イヤなことを忘れさせてくれる力があるのです。

なぜイヤなことを忘れさせてくれるのか……。

それは海の周波数が高いからです。だから海を見るだけで、その高い周波数に同調し、低い周波数帯にあるイヤなことがどうでもよくなってくるのです。

それに海には浄化作用もあります。人間が化学物質を垂れ流して汚染さえしなければ、基本的に自浄作用があるのです。

ですから、**海を見に行ったり、実際に海の水に足を浸すだけでも、邪気祓いはできます。**

ただ1点、注意が必要です。それは澄んだ海であること。汚染されたドブのような海は、残念ながら周波数が低く、逆に邪気を発しています。

ですから、海に行くなら、きれいな海に行ってください。

あなたがお住まいの近くの海で、透明度が高い浜辺があるなら、ぜひそこに行って、裸足になって波打ち際で波と戯れるだけで、きれいに邪気祓いできます。

海は体の中の不健康なエネルギーを浄化する力を持っているので、そういう点でもおススメです。

もちろん、真夏には海水浴も超おススメです。ただし、人が多い海水浴場だと、人の邪気もたくさん出るので、あまり人の多くない浜辺のほうがいいです。

私は真冬でも、自分がお気に入りの水の澄み切った浜辺に行って、波打ち際で波と戯れることがあります。寒いと思われるかもしれませんが、それが足を入れているうちに慣れてきて寒くなくなってくるんですよ。

海から上がった後は、足も冷たくなるどころか、逆に温かくなってきます。

その上、きれいに邪気も祓われているので、体も軽くなりますよ。

美しい渓流

海だけなく、透明度の高い美しい渓流でも、邪気祓いができます。

澄み切った水が、豊かに流れる様子を見ているだけで、心に積もったネガティブな氣である邪気も自然に洗い流されていきます。

日本は豊かな水に恵まれた国です。

全国各地に美しい渓流があります。私の出身地である青森県には、奥入瀬《おいらせ》渓流があります。渓流のすぐそばに遊歩道があり、そこを散策できるようになっています。

その遊歩道沿いに、たくさんの滝を見ることができます。

次の項目でもご説明しますが、滝にも素晴らしい邪気祓い効果がありますので、とても素晴らしい邪気祓いスポットだと思います。

他におススメなのは、上高地の梓川です。梓川の透明感と淡いエメラルドグリーンの宝石のような色を見たら、とりこにならずにはいられません。

上高地は梓川の流れが邪気祓いをしてくれるだけではありません。穂高連峰の山並みの、誇り高く凛々しい姿を見ているだけで、心が中心に戻ります。そして自分らしく生きればいいのだという自信を回復させてもくれます。

標高が高い場所にありますし、マイカーの出入りを制限しているので、空気も澄んでいてとても気持ちいいです。

たくさんの野鳥が散策道沿いで、美しい声も聴かせてくれますよ。

さらに、この本の特典動画にした、富士山本宮浅間大社（静岡県）の境内にある富士山の雪解け水の湧水が流れる神田川も、素晴らしい邪気祓いスポットです。神社の境内を流れている渓流なので、水に神気が宿り、また富士山の雄大で、力強いパワーも込められているのです。

浅間大社には富士山の湧水が湧き出している湧玉池《わくたまいけ》があるのですが、いつ行ってもその透明度は抜群です。古くから※富士講の人々は富士山に登るときは、湧玉池の禊場で禊をしたようです。

※江戸時代に広まった、富士山信仰の一つ。

その湧玉池に清らかな水を供給しているのが神田川なのです。

ここの素晴らしいところは、神田川のほとりに階段があり、水の中に入れるようになっていることです。私は真冬でも足を浸し、邪気祓いと浄化をします。真冬の海と同様、入った後は、身も心も軽くなります。

足を浸しながら富士山を眺められるので、穂高連峰以上に自分軸を安定させ、自信を回復させてもくれます。

さらに素晴らしいのは、この富士山の湧水を汲める水場が境内にあり、誰でも水を汲めることです。この水を※飲むことで、体の中の邪気祓いもできます。

この本の特典(★)として、二次元コードを読み取ると、神田川の禊場の動画をご覧いただけます。この動画には私が邪気祓いのエネルギーも込めました。

ですから無心にこの動画を見ているだけで、身も心も浄化されていくはずです。

★本書の帯に、動画にアクセスできる二次元コードが掲載されています。そちらからアクセスしてご覧ください（電子書籍、または帯が付いていない場合はご覧になることができません）。

※煮沸してからお飲みください。

水量の多い澄んだ滝

前の項目で、滝にも邪気祓いの効果があるというお話をしましたが、山岳修行の中に滝行があるのを、みなさんよくご存じのことと思います。

滝に打たれながら、真言を唱え、邪気を祓うのはもちろんですが、煩悩や迷いも断ち切る修行が滝行です。

最近はこの滝行がなかなかの人気のようで、一般の人にも滝行の行場を解放しているところも結構あります。

もちろん、あなたが実際に滝行をしてみたいなら、行場の指導者の元で体験するのもいいでしょう。

けれども、滝に打たれずとも、滝の近くに行って、滝を見るだけでも、邪気祓いすることができます。

滝にも様々なタイプがあります。

白糸の滝のように、広範囲から幾筋もの滝が流れ落ちるもの、落差が少ない小規模の滝。三段の滝のように、階段状に落ちる滝。そして、落差が大きく、水量の多い滝。

どの滝も流れ落ちる水に勢いがあるので、水の落ちる様に意識を集中しているだけで、滝の持つ浄化の周波数に同調できるので、邪気祓いができます。

けれども、この中でも最も邪気祓いパワーが強いのが、水量が多く落差の大きな滝です。

滝がダイナミックであるほど、その滝が放つ浄化力の力も大きくなるからです。

ただし、水の透明度が高いことと、行くなら昼間の日の高い時間帯に行くことです。濁っていると邪気を放つので、逆効果になってしまいます。

また太陽の光が射して輝くことで、水面からの輝きによる邪気祓いと、太陽による邪気祓いも加味されるのでいいんですよね。

ですから、もしも行くなら晴れた昼間がベストです。

眺望の開けた高い場所

みなさんが訪れたことのある神社は、長い階段を上って行った高い場所に拝殿があることが多くありませんか？

それは高い場所には、崇高な神が宿ると考えられていたからです。

古代には、ひときわ高い場所にある巨岩の上に行って、神とつながろうとする祭祀が執り行われていました。

また標高の高い山自体を神格化してきたのも、その延長線上にある考え方です。

高い場所自体に、低い周波数である邪気を寄せ付けないパワーがあるということを、古代の人々は直感的にわかっていたのでしょう。それは今も変わっていません。

私は30代の頃、山登りが趣味で、毎週のように山に登っていました。山頂にたどり着くまで、息を切らしたくさん汗をかきますが、山頂に近づくにつれて空気の透明度も氣の純度も上がり、どんどん気持ちよくなってきます。

まして山頂に到達したときには、肉体的な疲労はもちろん、俗世間で蓄積された疲れまで、一緒に吹き飛びました。

そのくらい眺望の開けた高い場所には、高い周波数が満ちています。その高い周波数が邪気を祓い、リフレッシュさせてくれるのだと思います。

今はわざわざ長時間山登りをしなくても、眺望の良い展望台は各地にありますよね。そんな展望台を活用して邪気祓いしてもいいと思います。

ただ、高層ビルの展望台のような屋内の展望台は、確かに眺めはいいのですが、邪気祓いの効果はそれほど高くありません。なぜなら、ガラスで囲われてしまうと、その中に人の邪気が溜まってしまうので、効果が半減してしまうのです。

ですから、できれば晴れた日の昼間に、眺望の開けた屋外の展望台に行きましょう。前の項目でもお伝えしたように、太陽の邪気祓い効果も加味されるので、さらに効果があります。

また、高い場所から下界を見下していると、物事を別な視点から見つめることができるようになります。

1つしかやり方がないように思えていたことも、実はたくさんの別なやり方があるものです。部屋の中で動かずに頭を抱え込んでいるだけだと、視野が狭くなって、そのことに気づけなくなってしまうのです。

つまり、視界の開けた高い場所には、近視眼的に物事を見るのではなく、俯瞰で物事を見られるようになるという効果もあります。

ですから、どうにも壁にぶつかって、先に進めない気がしているときは、眺望の開けた高い場所に行ってみてください。そうすれば、不安や混乱といった邪気を祓えるだけでなく、視点を変えることができ、突破口を見つけることもできるでしょう。

もちろん、別に悩み事がなくても、爽快な気分を味わうために行ったっていいんですよ。楽しいことは人生にたくさんあったほうがいいですし、行きたいときに行ってください。

楽しむことで、周波数を上げることも邪気祓いにつながりますからね。

温泉

入浴に邪気祓い効果があるということは、第7章でもお伝えした通りです。でも、せっかく入浴するなら、ときには温泉入浴をすることをおススメします。温泉には、普通の入浴以上の、様々な効果があるからです。

温泉は大地から直に湧き出しているので、**大地の持つ力強いパワー**が加味されています。つまり、ただ温まるだけでなく、生命力チャージまでしてくれるのです。

また温泉には、その成分によって、様々な効能がありますよね。ですから、温泉大国日本には古くから、温泉によって病気を治す「湯治」といわれるものがあるのです。

せっかく温泉に行くなら、できれば源泉かけ流しを選んだほうがいいです。できるだけ温泉の手つかずのパワーをフルに受け取れたほうがいいですから。

もしもできるなら、デジタルデトックス&ファスティング合宿も兼ねて、1年のうち数日を質の高い温泉で過ごすといいと思います。

今はファスティングのできる温泉も各地にあります。そういう施設のファスティングプログラムは、体に無理のないように、徐々に断食して、徐々に通常食に戻すように配慮されています。

またファスティング中の食事も体によい無添加・無農薬素材が使われ、デトックスを促進する酵素ドリンクなどもセットになっていることが多いです。さらに散歩やヨガ、ストレッチ、体操などのプログラムもあるので、じっと空腹に耐えるのではなく、適度に体を動かして気晴らしもできます。

私も実際に体験したことがあるのですが、全身全霊から邪気が祓われ、終了後は五感が研ぎ澄まされ、宇宙とのつながりも段違いによくなりました。

ここまで徹底的にデトックスしないまでも、ときどき温泉に入って、リラックスするだけでも、十分素晴らしい邪気祓い効果が期待できますから、ぜひ温泉入浴も楽しみの1つに取り入れてみてください。

各地の一之宮

私は子どもの頃、近所の神社でよく遊びました。春はお花見。夏はお祭り。秋は紅葉。冬は雪合戦。1年中、お世話になりました。

あなたの地元にも、お世話になっている神社や、なじみの神社というものがあると思います。神社は厄年のお祓いをしてくれたりするので、どこの神社でも邪気祓いができるともいえます。

でもね、そこに行くと、清浄な氣にキリリと心が引き締まり、なんだかサッパリスッキリするという神社がありませんか？

神社にもいろいろありますから、あなたと合う神社というものがあるんですよ。

それは自分の感覚でわかると思います。

全く無名の神社でも、**あなたにとってはパワースポットと感じるなら、そこはあ**

なたの力になってくれる神社なんですよ。

逆にテレビなどで盛んにＣＭをやっていても、行ってみると氣が汚れていて、逆に余計な邪気を持って帰りそうになる神社もあります。

だから、ネットの情報より自分の感覚を信じたほうがいいと思います。

私も好きな神社がいくつかあり、そこには折に触れお参りしています。

私は神奈川県に住んでいるので、一番よく行くのは、比較的近い寒川神社です。寒川さんは相模國一之宮で、たくさんの人に大切にされている神社です。

境内に足を踏み入れればすぐにわかると思いますが、凛として清らかな氣が最高に気持ちいいです。あの場所に入っただけで、すでに邪気が祓われるような清々しさを感じます。

寒川さんは、八方除けという方位除けのご利益があるといわれていますが、お祓いをしてもらうと本当に邪気が祓われ、何度も気分が変わったことがあります。

春分と秋分には、太陽が千葉の玉前神社→寒川神社→富士山頂→琵琶湖の竹生島神→元伊勢内宮皇大神社→大山→出雲大社を一直線に通ります。このラインはご来光のレイラインと呼ばれ、寒川さんでも春分と秋分の2日だけ、特別なご来光お守りを頒布します。

実は、春分や秋分だけでなく、冬至も夏至も、太陽は寒川さんの真上を通るのです。八方除けのご利益があるのも、そんな由縁があるからでしょう。

私が寒川さんを好きなのは、レイライン上にあるからではなく、あの場所の氣が好きだからなんですけどね。

でもそれだけ計算されつくされた場所を選んで鎮座しているからこそ、独特の清々しい氣を発しているのかもしれません。

寒川さんは相模國一之宮ですが、各地にある一之宮クラスの神社は、地域の人に大切にされ、また神社の人たちも清浄な氣が保たれるように配慮していますから、いずれも邪気祓いのご利益があると思います。

あなたのお近くの一之宮に足を運んで、自分との相性を確かめてみてください。もし、氣が合うようなら、きっとご利益もありますよ。

温泉は温泉、滝行は滝行。
それぞれの場所をわきまえましょう。
邪気祓いは適切に。

すぐそこの　日向がなんと
邪気を祓う

澄んだ海　渓流　滝で邪気祓い

展望台　視野が広がり　悩み消え

温泉で　パワーチャージと邪気祓い

一之宮　相性合えば　効果あり

第 9 章

邪気を祓う食べ物

ショウガ・ニンニク・シソ

ドラキュラはニンニクが苦手という話を聞いたことがあると思います。それは、その強い匂いが魔除けになると信じられていたからです。

確かにニンニクには強い匂いがありますが、それだけではないのです。ニンニクには強い殺菌力があり、体に溜まった毒素を排せつする力があるのです。同様にショウガ、シソなどにも、殺菌力があります。病原菌も一種の邪気ですから、それを体内から祓うには、ショウガ、ニンニク、シソなどの香りの強い薬味がよく効くということです。

殺菌力だけではありません。血行をよくしてくれるので、新陳代謝が上がり、体を温めてくれます。それによって体の痛みを和らげてくれたり、食欲を増進してくれたりする効果もあります。

代謝がよくなるということは、脂肪燃焼にも効果があり、成人病の予防にもつながります。

ショウガ、ニンニク、シソなどは「薬味」と呼ばれることもありますが、まさにその名の通り、漢方薬として使われてきた歴史もあります。

ただ、いくら体にいいとはいっても、あくまで「薬味」です。

それだけをやたらとたくさん食べてしまうと、刺激が強すぎて、おなかを壊してしまいますので、くれぐれもご注意ください。

ですから、お魚料理の臭み消しにショウガを使ったり、お肉を炒めるときにニンニクを利かせたり、お刺身のツマにシソを添えるなどして、料理の名脇役として活用しましょう。

そうすれば、体内の邪気を祓えるだけでなく、料理自体もおいしくいただけます。

おいしく健康に、そして、体内の邪気を祓うために、うまくこれらの薬味を活用しましょう。

赤い食べ物

赤という色は、太陽や炎の色を連想させます。ですから赤は、古代から生命を象徴する色とみなされ、祭祀や儀式に使われてきました。日本の古事記にも、悪霊や邪気を祓うために、床に赤土をまいたという記述があるくらいです。

また、赤は第1チャクラに対応した色であり、生命の源の色とされています。ですから、赤い色の食べ物を体内に取り込むことも、邪気祓いと活力アップにつながるのです。

料理を盛り付けるときも、赤いパプリカやトウガラシなどが上にのっていると、華やかでおいしそうに見え、食欲増進にもつながりますよね。

ですから、赤い色の食べ物をうまく活用して、邪気祓いと活力の両方を手に入れましょう。

梅

梅は古くから、家の裏鬼門である南西に植えると、災厄を封じ福を招くといわれてきました。

また熟成された梅干しには、解熱、殺菌、下痢止め、咳止め、疲労回復などの効果があり、今から約1000年以上も前に書かれた日本最古の医学書「医心方」にも、梅干しが薬代わりに使われていたと書かれていました。

最近では、梅干しには糖尿病やインフルエンザの感染予防効果や、骨粗しょう症の予防効果、ダイエット効果もあるという研究結果も出ています。梅干しに含まれるバニリンという成分が、脂肪細胞の肥大や増加を防ぐのだそうです。

つまり梅は、土地に入り込もうとする邪気を祓うだけでなく、体の中にある不調和という邪気をも祓う力があるのです。

けれども梅干しって、結構塩辛いですよね。塩分の取りすぎによる高血圧にも注意したいところ。

ところがなんと、梅干しには血圧を下げる効果があることも確認されています。血管収縮作用のあるホルモンに働きかけ、動脈硬化の発生を抑制することで、血圧上昇を抑えるのだそうです。

とはいってもやはり食べ過ぎてしまうと、塩分の取り過ぎにはなってしまいます。最近は塩分控えめの梅干しもありますから、そちらも活用するといいでしょうね。

また青梅の汁を長時間煮詰めてペースト状にした梅肉エキスも注目されています。この梅肉エキスも大正時代には各家庭に薬代わりに常備されていたそうです。

梅肉エキスには免疫細胞を活性化させ、病気への抵抗力を高める効果があることがわかっています。また、梅肉エキスに含まれるリオニレシノールという成分が、DNAの突然変異を抑制し、細胞のがん化を防ぐ効果もあるそうです。

邪気祓いにも、健康増進にも病気の予防にも効く梅。うまく食事に取り入れたいですね。

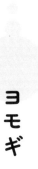

ヨモギ

桃の節句の頃に食べる草餅。とってもおいしいですよね。

あの草餅は、ゆでたヨモギの葉っぱをすりつぶし、お餅に入れて作ります。そのヨモギのいい香りが邪気を祓うといわれています。

次の第10章で、邪気祓いができる香りをご紹介しますが、基本的にスッキリしたいい香りのするものは、邪気を寄せ付けません。ですからヨモギに邪気祓いの効果があるというのも納得です。

ヨモギは梅同様、古くから薬としても世界中で重宝されてきました。

時代劇を見ていると、たまに傷口にヨモギをもんだものを当てたりしている場面が出てきますが、あれにはちゃんと理由があるのです。

ヨモギにはビタミンKが多く含まれているので、それが造血を助け、止血作用もあるのです。またその造血作用が血液の浄化や貧血予防にもつながります。

またヨモギは食物繊維を多く含むので、腸内環境を整え、毒素や老廃物を排せつしてくれるので、便秘を解消し、美肌効果まで期待できます。

さらに、ヨモギに含まれるクロロフィルは血液に含まれるヘモグロビンを増やす働きがあります。それによって血液の循環を促進し、悪玉コレステロールを吸着してくれ、コレステロール値を下げることにも役立ちます。

その上ヨモギには、βカロテンが豊富に含まれているので、体内の抗酸化を助け、免疫力をアップしてくれるので、がんの予防にもつながります。

ヨモギは草餅にして食べる以外に、ハーブティーとして飲むこともできます。

ヨモギの葉っぱを摘んできて、5～10gの葉っぱに対して、1リットルくらいの沸騰したお湯を入れて煎じて飲むだけです。ただし、妊娠中の方は、過剰摂取が流産につながる場合がありますので、ご注意ください。

原っぱに行くと、ヨモギって結構普通に生えていますよね。手軽にゲットできますから、うまく活用していきたいですね。

天然塩

お葬式に出た後、香典返しと一緒に、小さな袋に入った塩がついてきたりしますよね。その塩を、自宅の玄関に入る前にさっと振ってお清めをした経験が、みなさんにもきっとあると思います。

私の母などは、お清めでまくなんてもったいないと、料理に使っていましたけど、果たしてそれでよかったのかどうか……。なかなかの強者です(笑)。

お清めの塩や、盛り塩など、塩は昔から、邪気祓いに使われてきました。

どうして塩が邪気祓いに使われてきたかというと、塩に優れた浄化力や殺菌力があることを、古代の人々は経験的に知っていたからだと思います。

また海水に入って汚れを祓う禊も古くから行われており、海水に含まれる塩が、やはり邪気を祓ってくれると考えられてきました。

塩にも様々あって、化学的に合成された塩化ナトリウムもありますが、邪気祓いをするなら、海水から作られた天然塩のほうが、段違いに邪気祓い効果が高いです。海水に入らなくても、海水から作られた天然塩を体に取り込むことによって、禊と同じような効果があるからです（もちろん、取り過ぎ注意ですよ）。それに天然塩にはミネラルも含まれていますから、料理に使ったときのうまみも全然違います。

また盛り塩をすることによって邪気を祓うこともできます。専門的なやり方が様々ありますが、一番カンタンなのは、玄関に盛り塩をすること。

玄関は人の出入り口であるだけでなく、運の出入り口でもあります。ですから、玄関に盛り塩をすることで、外でついてしまった邪気を落とし、災厄という邪気を家の中に寄せ付けなくすることができます。

またトイレは排せつをする場所なので、ここに盛り塩をすることで、排せつされた邪気を祓うことができます。でも一番大事なのは掃除ですから。盛り塩はあくまで脇役と思ってください。

ミネラルウォーター

澄んだ美しい水に、邪気祓いの力があることを、第7章でもお伝えしましたよね。そんな天然の湧水を飲むことも、心身の邪気祓いにつながります。

以前、アメリカの聖地と言われるシャスタ山のふもとで、スピリチュアルなセミナーに参加したことがありました。

シャスタ山は日本の富士山のような霊山で、そのふもとの町では、シャスタ山から湧き出る水が水道として使われています。ここでは水道からミネラルウォーターが出るので、買う必要がありませんでした。

3週間ほど滞在したのですが、その間飲む水も、お風呂もきれいなミネラルウォーターだったので、肌の調子がとてもよくなり、何もつけていないのに髪の毛までつやつやになりました。

ミネラルウォーターの素晴らしい浄化力を、身を持って実感しました。

水道水を飲んでも、水分代謝を高め、デトックス効果が期待できますが、せっかく飲むなら、やはりミネラルウォーターをおススメします。

それも霊山といわれるパワースポットの山から湧き出る水が邪気祓い効果があります。なぜなら山の霊力も染み込んでいるからです。

日本最高峰の霊山富士山周辺にも、湧水を無料で持ち帰れるスポットがいくつもあります。ドライブがてらお水を汲みに行くのもいいですよね。

富士山以外にも、各地に○○富士と呼ばれるような霊山があります。そして、そんな霊山の湧水を汲める場所がたいていありますので、ぜひ利用しましょう。

湧水を汲みにいかなくても、スーパーなどで売られているミネラルウォーターを飲んでもいいと思いますよ。特に朝起きて1杯のお水か白湯を飲むことで、内臓が目覚め、寝ている間に溜まった邪気を排せつしやすくもしてくれます。

お水にもこだわって、体内からきれいに邪気を祓いましょう。

盛り塩は
砂糖で代用できません。
邪気祓いは適切に。

ジャッキージョーカーの格言

ニンニク・ショウガ・シソ　薬味でおいしく邪気祓い

小豆・パプリカ・唐辛子　赤で食欲増進・邪気祓い

1日1個の梅干しで　健康維持と邪気祓い

道端の　ヨモギが万能　邪気祓い

料理に入浴・盛り塩と　天然塩で最強邪気祓い

美と健康と幸運が　霊山の湧水飲めば

やってくる

第10章

邪気を祓う香り

邪気祓いをするなら天然香料を

この章では、主にエッセンシャルオイルの中で、邪気祓いに効果的な香りがするオイルや天然ハーブなどについてご紹介していきますね。

香りで邪気祓いするときは、必ず**天然の香料**を使ってください。

人工香料には、残念ながら邪気祓いの効果はありません。それどころか、人によってはアレルギー反応が出ることもあります。最近は、洗剤や柔軟剤に強い人工香料が入っているものがありますが、あれはできれば避けたほうがいいと思います。

なぜなら人工香料に含まれる化学物質にアレルギーがある人は結構多いので、そういうものを使っていると、アレルギー反応を起こしてしまう人からの嫌悪感という邪気が、あなたに向かって放たれてしまうからです。

アレルギーを感じる人たちを悪者扱いしないでくださいね。その人たちも、別に悪気があるわけではありませんが、自分にとってダメな臭いを感じたら、誰だって「うわっ」って顔をそむけたくなりますよね。そのときにどうしても邪気が出てしまうんですよ。

光でシールドしていれば、それらの邪気を祓うことはできますが、そうだとしても、みんなが快適でいられたほうがいいですよね。

洗濯物は邪気祓いという点から考えれば、天日干しが一番いいです。太陽パワーには殺菌効果も邪気祓い効果もあります。わざわざ別な匂いをつけなくても、太陽に当てて乾かした洗濯物はとてもいい匂いがします。

もし雨で外に干せないときは、家の中の日の当たる場所に干すだけでも違います。うまく太陽パワーを活用しましょう。

香りにはどうしても好き嫌いがあります。あなたが好きでも家族は好きではない場合もあります。ですから基本的に自分一人の範囲内で活用するようにしましょう。

また、いくら邪気祓い効果があったとしても、やたらと強烈に香る状態だと、逆効果です。ときと場所、そして適量を心がけましょう。

エッセンシャルオイルの使い方

香りを楽しみ、かつ邪気祓いをするために、エッセンシャルオイルをどのように活用すればいいのか、ご紹介しておきますね。

一般的なのは、専用のアロマポットに2、3滴たらして、部屋の中に香りを漂わせるという方法です。

このアロマポットにも、電気式のものとキャンドル式のものがあります。

電気式のアロマポットは、霧状にして香りを放つディフューザータイプのものが多く、明かりが灯るものもあります。その色も気分によって変えられるものもあって楽しいです。またタイマーがついているものが多いので、寝るときに点けておいても、タイマーで切れるようにすれば安心だと思います。

でも起きているときなら、キャンドル式のアロマポットの炎を見ることもリラックス効果があるので、使い分けをしてもいいと思います。

最近は、木でできたアロマウッドというものもあります。これは直径5㎝、高さ5㎝くらいの木で、上部のへこんだ部分にオイルを数滴たらして使います。

そのオイルが木に染み込んで柔らかく香りを放ちます。似たような効果のあるオイルなら混ぜて使ってもいいと思います。火を使わないので、枕元に置いておいても安全ですし、クローゼットの中に入れて使うこともできます。

もちろん、お風呂に入るときに、バスタブに数滴たらして入るのもおススメです。入浴による邪気祓い効果にエッセンシャルオイルの香りによる邪気祓い効果も加味されるので、ダブルでいいですよね。

ただオフィスなどでは、ポットも使えないですから、そういうときはエッセンシャルオイルを染み込ませた匂い袋を携帯しておくと便利ですね。蜜蝋などを使ったワックスサシェの作り方なども検索すれば出てきますから、参考にしてください。

エッセンシャルオイル専用の小さなビンに少量を移し、そこから直接香りをかぐという方法もあります。あなたが一番やりやすい方法を選んでください。

ラベンダー

主な効能――落ち込み・不安などの邪気を祓う

ラベンダーの効能は何と言ってもリラックス効果です。緊張をやさしく解きほぐし、癒してくれます。気分が落ち込んだり、不安にさいなまれたりしているとき、自分の心が発しているネガティブな邪気を、ラベンダーが祓ってくれます。

ラベンダーには副交感神経を優位にしてくれる作用があるので、脳波がα波になりやすく、リラックスできるのです。

またラベンダーには抗不安作用もあり、不安な気持ちを落ち着かせてくれます。

ですから、不安な気持ちで眠れない夜も、穏やかに眠りに導いてくれます。

ただし、妊娠中の方は、特に初期は子宮に対して刺激が強すぎてしまうところもあるので、避けたほうがいいと思います。

ローズマリー

主な効能――人からの邪気祓い、自分の邪念の邪気祓い

ローズマリーの爽快な香りは、**魔物や災厄、病気などを寄せ付けない力**があるとされ、古くから魔よけとして使われてきました。

HSP（生まれつき敏感な気質を持っている人）の人や繊細な人は、人がたくさん集まる場所に行くと、様々な人が発する邪気で気分が悪くなってしまうことがあると思います。

人から発されるそんな邪気を、ローズマリーは祓ってくれます。人ごみの邪気だけでなく、人からの嫉妬や攻撃などの邪気も祓ってくれます。

また、自分自身の邪念を祓い、集中力を増してくれる力もあります。

人からの邪気も、自分自身の邪念も祓って、何かに集中したいときに活用するといいでしょうね。

ホワイトセージ

主な効能――空間の浄化、ネガティブ思考の浄化

ホワイトセージで**場の浄化**をしたことがある方もいらっしゃると思います。

ホワイトセージは今から1000年以上も前から、ネイティブアメリカンたちが儀式をする際に、精霊や祖先を降ろすために使っていたそうです。

他のハーブも使われていたようですが、ホワイトセージは特に浄化力が強く、そのいぶした煙で、空間の浄化もしていました。

ホワイトセージはエッセンシャルオイルのように、蒸留によって抽出したオイルを使うのではなく、乾燥した葉をいぶして使う「スマッジング」という方法で使います。

アバロンという貝の上に、乾燥したホワイトセージを束ねたものを置いて火を点け、炎が安定したところで、それを消し、煙をくゆらせます。

そのときホワイトセージのちょっと苦くて、それでいて独特の爽やかさに満ちた香りがしてきます。煙による浄化なので、最初はちょっと煙たい感じがするかもしれません。でもあの香りを実際に嗅ぐと、邪悪なものがたまらず出て行ってしまうというのがわかります。

ネイティブアメリカンはアバロンという貝の上に、ホワイトセージを置いて、スマッジングをしていましたが、アバロンが用意できないときは、耐熱性の器を使ってもいいです。ただし喫煙者の灰皿は避けてください。

部屋の1か所において煙をくゆらせてもいいし、家中まんべんなく浄化したいときは、煙が出ている状態で、器を持って、家中を回ってもいいです。

一通り煙を行き渡らせたら、窓を開けて換気してください。

燃え尽きた灰も神聖なものとされてきましたから、ゴミとして捨てずに観葉植物などの鉢に入れたり、土に返したりするといいでしょう。

ホワイトセージは、日が射さない部屋の浄化だけでなく、気分の落ち込みや、ネガティブ思考に引きずられているときなどにもよく効きます。

ジュニパー

主な効能――動揺や混乱からくる邪気を祓う

ジュニパーは、ヒノキ科の常緑針葉樹です。ヒノキ科だけあって、ウッディーで深く澄み切った爽やかな香りがします。

ジュニパーもその**殺菌作用**から、魔よけや宗教儀式に使われてきた歴史があります。ギリシア、ローマなどでは、消毒薬として使われていたこともあるそうです。

また、その爽やかな香りは、お酒のジンの香りづけにも使われています。

ジュニパーは、邪気祓いの力があるだけでなく、利尿効果があることでも知られており、むくみの軽減や、心身のデトックス、疲労回復などの効果もあります。

同じウッド系の香りでも、ホワイトセージはスマッジングという、煙をくゆらせる方法で使うのに対して、ジュニパーはエッセンシャルオイルを使います。

ホワイトセージがどちらかというと場の浄化に効果があるのに対し、ジュニパーは心の浄化に効果があります。

動揺して心が落ち着かないとき、不安でいっぱいで、どうしたらいいのかわからないとき、集中できないとき、ジュニパーの香りが気持ちを落ち着かせてくれます。そして、どうすればいいのか、何ができるのか気づけるようにしてくれます。

また、前述のように利尿効果もあるので、塩分の多いものを摂りすぎたりしてむくみが気になるときにも活用できると思います。

ジュニパーには抗菌・虫よけ効果もあるので、アロマスプレーを作って活用するのもおススメです。

アロマスプレー専用のスプレーボトルに、10㏄の無水エタノール、40㏄の精製水を入れ、10滴ほどのジュニパーのエッセンシャルオイルを混ぜます。これをスプレーすることで、臭いを消してくれたり、虫が寄ってきにくくなったりします。

ただし、ジュニパーは刺激が強いので、妊娠中の方や腎臓や肝臓の悪い方は、長時間の使用は控えたほうがいいでしょう。

白檀（サンダルウッド）

主な効能——邪心を祓い、深い心の静寂をもたらす

日本で使われるお線香やお香の中でも、白檀はとても親しみがあると思います。とても高貴で神秘的で、それでいて嫌味のない甘さのある白檀の香りをかぐと、**あらゆる邪念や雑念が祓われて、心が深い静寂に満たされます。**

お寺で使われているお線香も、白檀を使ったものが多いので、あの香りをかぐとお寺の静まり返った空気が連想され、なおさら心が鎮まります。

白檀はサンダルウッドとも呼ばれ、香水にも使われています。ですから、心の落ち着きを大切にしたい方は、サンダルウッドを使った香水を使うのもいいと思います。

さらに、女性の魅力を増幅する力もあるので、自分の女神性を引き出したいときにもいいかもしれませんね。

ホワイトセージは部屋に煙が
行き渡ったところで終了し
換気をしてください。
邪気祓いは適切に。

ジャッキージョーカーの格言

邪気祓いするなら絶対　天然香料

アロマバス　美容と開運に効果アリ

傷ついた　心によく効く　ラベンダー

人ごみに疲れたときは　ローズマリー

空間を浄化したいなら　ホワイトセージ

冷静さ　取り戻したいなら　ジュニパーを

白檀は　深い静寂もたらす　聖なる香り

第11章

邪気を祓うパワーストーン

パワーストーンは浄化してから使う

パワーストーンは、今ではとてもポピュラーで、販売店もたくさんあります。

確かにパワーストーンには、素晴らしい力があるのですが、その力をフルに発揮してもらうためには、買って来たらまず浄化することです。

石があなたの手元に届くまで、様々な人の手に触れ、その邪気を多少なりとも吸っている可能性があるからです。ですから使う前に浄化して、力をフルに発揮できる状態にしてから使ったほうがいいのです。

いろいろな浄化方法がありますが、一番カンタンなのは、太陽の光に当てることです。朝日が一番浄化力が強いので、できれば日の出から午前中いっぱいくらい太陽の光に当てておくと、浄化されるだけでなく、パワーチャージもされます。

ただし、ローズクオーツやアメジスト、ターコイズなどは日光に弱いので避けましょう。自分が買ってきたパワーストーンに向く浄化方法を、事前にネットなどで調べて確認したほうがいいでしょう。

太陽光による浄化以外にも、様々な浄化方法があります。

流水による浄化、月光による浄化、天然塩などの上に置く浄化、クリアクリスタルのさざれ石の上に置く浄化などがあります。

クリアクリスタルのさざれ石の上に置く浄化は、どのパワーストーンでもできるので便利かもしれませんが、そのさざれ石自体を定期的に浄化する必要があります。

もう1つ面白いのは、澄んだきれいな音を聞かせて浄化する方法です。

第5章で、鈴やティンシャの音で空間を浄化するという方法をご紹介しましたが、パワーストーンにも、その音を聞かせて浄化することができます。

なので、パワーストーン置き場に、ティンシャを常備して、毎日パワーストーンをきれいに布で拭いた後、ティンシャの音を聞かせると、パワーストーンがフルに力を発揮できる状態を維持できると思います。

あなたが心を込めてお手入れしていれば、石も必ず応えてくれますよ。

パワーストーンによる邪気祓いのやり方

パワーストーンによる邪気祓いをするには、それをブレスレットやペンダント、ネックレスなどにして、身につけるのが一番です。直接身につけなくても、バッグなどの持ち物に入れておいてもいいと思います。

アクセサリーとして身につけたものは、体から出る邪気や人からの邪気を吸い取りますので、ずっとつけっぱなしにせずに、使用後は、前の項目でご紹介したような浄化をして、いつもパワーが落ちないようにしておきましょう。

パワーストーンは、部屋の中に置いておくだけでも、空間の浄化になります。

けれども、できれば無造作に置いておくのではなく、自分の家の中にセイクリッドスペースを作って、その中に置いておくことをおススメします。

セイクリッドスペースには、美しい敷物を敷いて、真ん中に中心となるクリアクリスタルなどのポイント（先がとがっている長細い形をしているもの）を置き、その周りに他のパワーストーンを円形またはひし形にきれいに並べ、外側にティンシャやお香立てなどを置いておきます。

さらにパワーアートやパワーフォトを持っていたら、それを壁に飾り、精霊や天使のお人形などがあれば、一緒に置いておいてもいいと思います。

私の家にもセイクリッドスペースがあるのですが、毎朝そこでお香を焚き、宇宙に感謝の祈りを捧げ、言霊を唱えてから1日を始めます。

これがものすごくよくて、空間の邪気がきれいに祓われるだけでなく、自分の心身からも邪気が抜け、素晴らしい1日のスタートが切れます。

もしもセイクリッドスペースが作れなかったとしたら、クリアクリスタルなどを使ったサンキャッチャーをつるしておくのもおススメです。太陽の光が反射したときのキラキラも邪気祓いになるので、相乗効果があります。

また、玄関に邪気祓い効果のあるパワーストーンの、直径3cm以上の丸玉やさざれ石を置いておくのも、盛り塩と同じ効果があるのでいいと思います。

パワーストーンはあくまでサブツール

パワーストーンには、確かに力があります。

けれども一番大事なのは、**邪気の寄り付かない環境整備と自分自身のあり方**です。

いくらたくさんパワーストーンがあっても、汚い部屋にしている限り、邪気は出続けますし、パワーストーンでは吸い取りきれません。

第3部でご紹介しているすべてのものに言えることですが、これらはあくまでサブツールです。

第2部で紹介した邪気祓いのベースとなることをしっかりやった上で、これらのツールを活用するなら、邪気はいよいよあなたに寄り付かなくなり、運気も上がるでしょう。

ここからは、邪気祓いにおススメのパワーストーンの紹介をしていますね。

クリアクリスタル

主な効能――あらゆるものの邪気祓い、宇宙とのつながりを取り戻す

みなさんにとって一番なじみがあるのが、透明な水晶であるクリアクリスタルだと思います。他のクリスタルに比べて比較的安価ですし、パワーストーンを使うのが初めてという人は、まずクリアクリスタルを持つことをおススメします。

クリアクリスタルは、**あらゆる邪気を祓えるオールマイティな石**です。空間の邪気も祓えますし、精神的なストレスという邪気も、肉体的な疲労から来る邪気も祓うことができます。ですから古くから魔よけとして使われてきました。

また、邪念を祓い、集中力を高め、宇宙とつながる力を取り戻させてくれます。

他のどんな石とも組み合わせて使えますし、他の石のパワーを増幅してくれる効果もあるので、まさに万能のパワーストーンです。

アメジスト

主な効能――精神の安定、直感力を高める

アメジストは紫水晶とも呼ばれる、その名の通り紫色の水晶です。スピリチュアルなことに興味のある人には、とてもなじみのあるパワーストーンだと思います。

古くから紫色は、最も高貴な色とされています。

つまり、紫という色自体に、**低い周波数の邪気や闇のエネルギーを寄せ付けない力**があるのです。ですから動揺したり、感情的になったりしそうになっても、そんな邪気を祓い、精神を安定させてくれます。

さらに頭頂にある第7チャクラの色でもあるので、直感力を高め、宇宙からのメッセージを受け取りやすい状態にもしてくれます。

尚、アメジストは太陽光による浄化に適さないので、ご注意ください。

ローズクオーツ

主な効能——愛の周波数で邪気を祓う、自己受容・愛情運の向上

ローズクオーツも、みなさんにとっておなじみのパワーストーンだと思います。パステルトーンのピンクの水晶です。ピンクはハートや愛を象徴する色で、ローズクオーツを持つと、**自分の中の愛の源泉とつながることができます。**

愛は最も高い周波数ですから、当然低い周波数の邪気を祓います。でも攻撃的に跳ねのけるのではなく、怒りや憎しみなどを慈悲で包んで無力化するような祓い方です。この作用は他人だけでなく、自分に向けられた怒りや嫌悪なども癒し、ありのままの自分を受け入れられるようにしてくれます。

さらに、みなさんよくご存じのように、自分の魅力を引き出し、愛情運を高める作用もあります。

ラピスラズリ

主な効能――邪念を断ち切り、真の幸せ体質になる

濃い藍色に、白い斑点模様のあるラピスラズリ。なんだか夜空のような美しさを感じさせます。そんなラピスラズリは、古くから天空を象徴する聖なる石として尊ばれ、儀式に使われたり、護符として使われたりしてきました。

ラピスラズリは、**邪念を祓い、持つ人を幸せにする石**といわれています。

でもそれは、棚ボタのようなまぐれの幸せではなく、自分らしい幸せとは何かに気づかせ、真に幸せになるために必要な経験を積ませ、ちょっとやそっとでは揺らがない幸せ体質にしていくというニュアンスです。

だから、何か試練にぶち当たっているときに、不安や弱気という邪気を祓い、くじけずに前を向かせてくれるでしょう。

また、ラピスラズリは直感やサイキック能力を司る第6チャクラと、クリエイ

ティビティを司る第5チャクラを象徴する石でもあります。ですから、直感力やクリエイティビティ、さらにはサイキック感度を上げる力もあります。

アーティストやヒーラーなどスピリチュアルな仕事に、真剣に打ち込んでいる人を支え、豊かなインスピレーションを受け取りやすくしてくれます。

さらに、自己不信という邪念も祓ってくれるので、持って生まれた才能を開花してくれる側面もあります。

でもラピスラズリは、何もしないで棚ボタを期待しているような人の味方にはなってくれません。その意味では、不安があってもチャレンジしようとしているときに持っていると、あなたに勇気とチャンスをきっと与えてくれるでしょう。

尚、ラピスラズリは、太陽の光や、水、塩による浄化には適さないので、月光浴やクリアクリスタルのさざれ石などの浄化をおススメします。

ターコイズ

主な効能――不安・恐怖・ストレスなどの邪気祓い

ターコイズは、アクセサリーとしてもよく使われているパワーストーンです。

古代から、邪気を祓う石として崇められ、珍重されてきました。

そんな歴史を持つターコイズは、**不安や恐怖、ストレスなどの邪気を祓い、心を落ち着かせてくれます。**確かにあの明るいブルーの色を見ているだけで、不思議とリラックスしてきます。

ですから、身につけていると、不安という邪念を祓い、平常心を取り戻させてくれるでしょう。

最近は産出量が減っているので、染料で染めた偽物も出回っています。購入する際は、品質を確認することをおススメします。

モリオン（黒水晶）

主な効能——あらゆる悪意、サイキックアタックから守る

モリオンの別名は黒水晶。その名の通り黒い水晶です。水晶の一種ではありますが、光を通さない暗い漆黒の闇のような色です。

実はこのモリオンは、数あるパワーストーンの中でも、おそらく最強の邪気祓いができる石の1つなのです。モリオンは**強い浄化力で不幸や悪事、サイキックアタックなどからあなたの身を守ってくれます。**

玄関や人の集まる居間、寝室などに置いておくと、邪気祓いだけでなく、悪霊退治もしてくれます。そして、夜は悪夢にうなされることもなくなるでしょう。

また、霊感が強くて、霊障を受けやすいという方は、あなたのエネルギーフィールドに強力な結界を張り、守ってくれます。

ブラックオニキス

主な効能――恨み、妬みの邪気祓い、自分軸を安定

ブラックオニキスもまた、邪気や悪霊を祓う魔よけの石として、古来より大切にされてきました。オニキスは、**あらゆるネガティブな氣を吸い取り、石の暗闇の中に閉じ込めてしまう力がある**と信じられてきました。

中でも人からのいわれのない恨みや妬みなど他者からの悪意を跳ね返す効果があります。人から注目されたり、成功したりして、妬みの念が飛んできているときには、オニキスがあなたの身を守ってくれるでしょう。

逆に、自分自身が恨みや嫉妬などの感情に翻弄されているときに、正気を取り戻させ、前向きに自分にできることをしようとする意欲を呼び覚ます力もあります。

その意味では自分軸を安定させてくれる石ともいえるでしょう。

パワーストーンはあくまで
脇役として使いましょう。
邪気祓いは適切に。

ジャッキージョーカーの格言

パワーストーン　買ったらまずは浄化せよ

あくまでも　パワーストーンはサポーター

万能のクリアクリスタル　1つは持とう

宇宙との　つながり強化に　アメジスト

ラブパワー　呼び覚ましたいなら　ローズクオーツ

試練を越える　強力サポート　ラピスラズリ

不安を鎮めてくれる　ターコイズ

悪霊を退治したいなら　モリオン・オニキス

第12章

最強の邪気祓い

愛を選び続けるなら、すべての邪気は祓われる

第1部で、邪気とは低い周波数帯にあるエネルギーだとお伝えしたのを覚えていますか？　さらに、三次元を形成している微細な粒子には、似たような周波数を発するもの同士、くっつく性質があるというお話もしましたよね。

ということは、あなた自身が高い周波数を発し続けているなら、基本的に邪気は寄り付けないんですよ。

では、最も高い周波数は何かというと、それは「愛」です。

愛の中でも、邪気祓いの観点から、最も重要なものは、自己愛です。

どんな自分をも愛し、許し、認め、そして真に幸せになれるように励ます。それが自己愛です。**自己愛があるとき、あなたの発する周波数は最も高くなります。**

自分に深い愛を注ぎ、満たしていくと、あるとき、愛が飽和状態になり、その愛

が自分以外の人やもの、自然へもあふれ出していきます。

そうなるとやっと人を許し、認め、愛するゆとりも出てきます。

そして、自分からあふれ出した愛は循環し始め、たくさんの人やものを愛で満たしていきます。さらにその愛は巡り巡って、さらに大きくなってあなたのところに戻ってきます。

ここまで来ると、もう邪気は指1本あなたに触れることはできません。

最強の邪気祓いとは、自分が自分を愛し、愛を選び続けることなのです。

ここまで紹介してきた邪気祓いの方法やツールは、それぞれとても有効なものではあります。けれどもそれらを凌駕する邪気祓いは、あなた自身が愛を選び続けることだということを、どうか肝に銘じておいてください。

邪気が寄り付かなくなる、自己愛を深める10秒ワーク

それでは、最強の邪気祓いにつながる自己愛を深め、かつ、無限なる宇宙からの無限なる恩恵が降り注ぎやすくなるワークをご紹介します。

これは、これまで私の本でもブログでも紹介してきたワークです。

10秒程度でできるのに、続けることで確実に自己愛が深まり、開運します。

このワークは効果があるというお声を、私のブログをフォローしてくださっている読者のみなさんや、オンラインサロンのメンバーからもたくさん頂いています。

そして何よりも、そんじょそこらの自己否定の人など比ではないほど、強烈な自己否定で、毎日自分を責め続けていた私が、今では全く自分を責めなくなりました。

もう一人の私は、今はこうしたほうがいいということがあれば、責めたり、叱ったりするのではなく、励まし、寄り添ってくれます。

そしてやっと、今日まで色々あったけど、よくぞここまで生き抜いてきてくれたと、心から自分を認められるようになりました。

さて、そのカンタンなワークの手順をご案内しますね。

朝目覚めたら、横になったまま、胸の中央に両手を重ねます。そして、目を閉じて以下の3つの言霊を、心を込めて唱えます。

「私はありのままで完全です」

「必要なものはすべて持っています」

「私は無限なる宇宙とひとつです」

たったこれだけです。

寝起きは、思考に邪魔されず、潜在意識まで言霊が浸透しやすいのです。ですから、寝起きがベストですが、基本的にいつ行っても構いません。

私はこれをやって、もう15年以上になりますが、やればやるほど、ますます自己愛が深まってきます。それに言霊を唱えることで、とても気持ちよくもなるので、大好きなモーニングルーティンになっています。

あなた自身が、最強のパワースポットになる

愛を選び続けることが最強の邪気祓いだとわかっていても、思いもよらないことが起こって、動揺してしまうこともあるでしょう。

相手に対して愛を持って接していても、嫉妬をされて、その念が飛んでくることもあるでしょう。

そういうときに備えて、この本で紹介した様々な邪気祓いを日常の習慣にして、どうぞ自分の身を守ってください。


あなたはとてもとても大切な人です。

大事に扱われていい人なのです。

そんな大切なあなたが、いつも高い周波数を発するゴキゲン状態でいられるよう

に、精一杯ケアしてあげてください。

気落ちすることがあった日は、たとえば、仕事帰りに大好きなカフェで、大好きな飲み物を飲んで、心を和らげたり、リラックスできるお気に入りのエッセンシャルオイルを入れたお風呂にゆっくり浸かったりするのもいいでしょう。

ときには見晴らしのいい展望台で晴れ晴れとした気分になったり、水の美しい渓流や滝を見に行って、パワーチャージしたりするのもいいでしょう。

とにかく楽しいと感じることや、やってみたいことは、どんどんやらせてあげてください。あなたが自分を大切にし、尊重し、楽しませるほどに、あなたの周波数は上がります。

その上、この本で紹介してきた様々な邪気祓いを日常的に取り入れるなら、あなたはすべてを高い周波数に同調させる生きたパワースポットになるでしょう。

あなたが動くだけで、行く先々の邪気が自動的に祓われ、あなたと触れ合った人も、自然に周波数が上がり、なんだか元気が湧いてくる。

もう、ちまちま自分一人の身の回りの邪気祓いをしているレベルじゃなくなるのです。

そして、それだけの高い周波数を強烈に発することができるようになったなら、みんなが邪気から解放され、自由で幸せになっていく。

もちろん、そんなあなたに会いたいという人が、どんどん集まって来て、あなたが何をやったとしても、きっと成功するでしょう。

あなたにはそれだけの力があります。

まず、どんな自分をも愛し、めげそうになっても愛を選び、もちろん、この本で紹介した邪気祓いを習慣化し、活用する。

そうすれば、あなたはあなた一人を幸せにするだけでなく、たくさんの人を幸せに導くこともできるのです。

なんて素晴らしいことなのでしょうか。

あなたならきっとそれができると、私は心から信じています。

あなたも愛を選び続け
邪気とは無縁の強運体質に。

ジャッキージョーカーの格言

愛を選ぶ　それが最強の　邪気祓い
自己愛が　すべての愛の源だ
ゴキゲンな
あなたは動くパワースポット

おわりに

2020年の12月に、地の時代から水瓶座の風の時代に変わりました。

この風の時代がこれから約200年間続きます。

今、まさに水瓶座的な情報化が急速に進んでいます。リモートワークも電子マネーも当たり前。人々はSNSを使って世界に向かって自己表現し、昨日まで無名だった人が、突然世界的に注目を集め、時代の寵児に躍り出る。そんな時代です。

序列や数字、結果を重視し、個よりも集団を重視し、みんなが同じものを目指し、やりたいことではなくやるべきことを、いかに辛抱強く頑張れるかが成功のカギを握っていた地の時代は、もはや過去のものとなりつつあります。

自分にとっての幸せを、自らが責任を持って選び取り、創造していく。そんな風の時代の価値観は、人々を呪縛から解き放ってくれますが、同時に地の時代の価値観から脱皮するプロセスの中で、大きな混乱や、強制終了も起こります。

そんなとき、人々はどっちに進めばいいのか方向を見失い、その混乱や不安から邪気が出やすくなります。

時代の転換点だからこそ、邪気に食い物にされずに、聖なる自分軸を確立していくことが、何よりも大切なことです。

ですから、KADOKAWAさんから、邪気祓いの本を書いてほしいというお話をいただいたときは、まさにタイムリーなテーマだと思いました。

この本には、私が知っている限りのあらゆる邪気祓いの情報を網羅しました。

その中の1つでも2つでもいいですから、続けてみてください。それによって確実に邪気が祓われ、心の曇りも晴れ、自分の道を力強く進めるようになるでしょう。

あなたが聖なる自分軸を確立し、風の時代の流れに乗って、大きく飛躍していくことを、心から祈っています。

2023年5月

大木ゆきの

大木ゆきの（宇宙におまかせナビゲーター）

小学校教師、コピーライター、国家的指導者育成機関の広報を経て、スピリチュアルの世界で仕事を始める。「宇宙におまかせして、魂が望むままに生きよう」と決意した時から、八方ふさがりだった人生が突然逆転し、想像を超えたラッキーやミラクルが起こり、自由で豊かな生活を手に入れる。この奇跡をたくさんの人に伝えたいという魂の衝動からワークショップや連続コースを全国で開催。募集開始とともに応募が殺到し、各地で満席状態に。ブログで情報発信を始めたところ、読者が急増し、アメーバブログ2部門で1位となり、月間500万PVを誇る人気ブログに。数度にわたってインドの聖地で学び、怖れや執着から自由になる「認識を変える光」を流せるようになる。現在は、執筆が中心となっているが、魂の赴くまま不定期でワークショップも開催している。著書に、『「自分神様」を表に出せば、人生は勝手にうまくいく』、『宇宙は逆さまにできている！ 想像以上の恩寵を受け取る方法』『1日1つ、実行するだけ！ 願った以上の未来を手に入れる 365日の宇宙ワーク大全』（以上KADOKAWA）、『宇宙銀行から幸せが雪崩れ込む習慣』（マキノ出版）、『幸せが無限に舞い降りる「お手上げ」の法則』（大和書房）、など多数。

- ブログ「幸せって意外にカンタン♪」⇨ https://ameblo.jp/lifeshift/
- facebook ⇨ https://www.facebook.com/yukino.ohki/

360度《ど》ぐるりと開運《かいうん》する！
最強《さいきょう》の邪気祓《じゃきばら》い

2023年6月21日　初版発行

著　者　大木《おおき》ゆきの
発行者　山下直久
発　行　株式会社KADOKAWA
〒102-8177　東京都千代田区富士見2-13-3
電話　0570-002-301（ナビダイヤル）
印刷所　大日本印刷株式会社
製本所　大日本印刷株式会社

ISBN 978-4-04-606371-7 C0095